R.3020.

LE PRINCE D'ISOCRATE,

OV

L'Art de bien Regner:

ADRESSE'
A NICOCLE ROY
de Salamine.

DEDIE'
A MONSEIGNEVR
LE DAVPHIN.

Par Mr DVBRETON.

A PARIS,

Chez { ANT. DE SOMMAVILLE, en la petite salle, à l'Escu de France. ET AVGVST. COVRBE', en la mesme salle, à la Palme. } au Palais.

M. DC. XXXXII.

Auec Priuilege du Roy.

A MONSEIGNEVR

LE

DAVPHIN.

MONSEIGNEVR,

Il y a quelques années que j'eus l'honneur de presenter au Roy le Prince d'vn des plus eloquens & des plus celebres Escriuains de son Royaume. Et maintenant ie prens la

A ij

bardieſſe d'offrir à Voſtre Alteſſe Royale, & de mettre
comme aux pieds de ſon berceau celuy d'vn des premiers,
& des plus grands Orateurs
de l'ancienne Grece. L'vn
auec les plus viues couleurs de
l'eloquence, tire la copie d'vn
Prince parfait ſur le modelle
des Vertus & des Actions
vrayement Royales de celuy
qui par vne ſpeciale grace du
Ciel, lors que vous eſtiez lè
moins attendu, & le plus
deſiré, vous a mis au monde.
L'autre impoſe des Loix à la
Royauté meſme, & apprend
à vn Roy de ſon temps l'art
de bien regner, de ſe faire

également aimer & craindre
de ses Sujets, & de leur rendre
son commandement agreable.
Ces deux Liures, MON-
SEIGNEVR, font tres-beaux
& tres-conuenables à voftre
bas âge. Mais le François
eft autant fans doute au deffus du Grec, que les exemples
inftruifent, & perfuadent
mieux que les paroles; & que
la veuë des belles chofes gai-
gne bien plus facilement le
cœur par les yeux, que le recit
qu'on en fait ne le prend par
les oreilles. Car l'vn enfeigne
feulement à fon Prince ce
qu'il doit faire; & l'autre
eftale à tout l'Vniuers les

grandes choses que le sien à
faites durant le glorieux cours
de sa penible & illustre vie.
Il s'ensuit donc, MONSEI-
GNEVR, que le François sera plus necessaire & plus propre à vostre education, que
celuy que ie presente maintenant a Vostre Altesse Royale.
La belle Image de la vie du
Pere qu'il fera voir au Fils,
luy sera un perpetuel aiguillon
d'honneur, & l'exhortera
continuellement à l'imiter,
Il l'encouragera aussi viuement à suiure les traces de
LOVIS LE IVSTE,
& à humilier cet orgueil in-
supportable qui donne main-

tenant de l'exercice à ses armes, que l'eloquence de ce
Grec porta Philippe & Ale-
xandre son fils à ruïner l'Empire des Perses. Mais quoy
que l'vn de ces Escriuains ait
sur l'autre cet auantage; ils
ont toutefois entr'eux cela de
commun, qu'entre les nou-
ueaux ornemens & les nou-
ueaux atours, dont chacun
d'eux a paré l'eloquence de
son pays; ils luy ont donné
la perfection de ce nombre,
sans lequel elle-mesme auroit
besoin de patience pour estre
escoutée. Ils ont aussi cela
de semblable, qu'ils ont tous
deux egalement aimé la so-

litude, hay le tumulte du
monde, & du Palais, l'em-
barras des affaires, & les su-
jetions de la Cour. I'y re-
marque de plus cette ressem-
blance, qu'ils ont acquis tous
deux dans l'ombre & entre
les murailles vne gloire immortelle, & proposé aux Escriuains de leur temps le style
le plus parfait, & le genre
d'escrire le plus excellent. Et
comme l'vn fut appellé la
Sirene Attique à cause des
grandes graces, & de la douceur nompareille de son langage: L'autre aussi pour la mesme raison pourroit estre iuste-
ment nommé la Sirene Fran-

çoife. *Parmy ces differences,*
& ces conformitez qu'ils ont
l'vn auecque l'autre, l'hom-
me eſtant né, comm'il eſt,
pour connoiſtre & pour agir
tout enſemble, ils appren-
dront à Voſtre Alteſſe Royale
la Science *&* la Vertu, *ſans*
leſquelles l'homme n'eſt pas
digne d'eſtre mis au nombre
des hommes. Cela eſtant,
MONSEIGNEVR, *il n'y a*
point de doute qu'ils ne meri-
tent tous deux d'auoir rang
parmy ceux qu'on fera ſeruir
à éleuer voſtre glorieuſe En-
fance, & à cultiuer les gran-
des eſperances qu'elle commen-
ça dés la mammelle à donner

de son esprit, & de son courage.   Aussi est-ce sur cette
creance que ie viens offrir ce-
lui-cy à Vostre A. R. afin
d'auoir la gloire de contribuër
par son entremise quelque
chose à la nourriture du monde la plus belle & la plus importante. Car comme les gens
d'espée sont obligez de mettre
tout ce qu'ils ont de cœur, de
bien, de sang & de vie pour
la conseruation de la personne
& de l'authorité royale : de
mesme les gens de Lettres
doiuent employer tout ce qu'ils
ont d'esprit, de sçauoir & de
suffisance pour l'instruction de
ceux à qui les droits du sang

& de la nature destinent, comme à Vostre Altesse Royale, la succeßion de la Couronne. Ie la supplic tres-humblement, MONSEIGNEVR, de receuoir ce Grec vestu à la Françoise, auec le mesme accueil que toute la France receut le François, si beau & si bien couuert, que l'Eloquence & les Graces mesmes semblent l'auoir embely & habillé de leurs propres mains. Il n'est pas pour cela besoin de parler: il ne faut qu'vn clin d'œil, vn soûris, ou vn mouuement de teste, pour me faire signe qu'il ne luy est pas desagreable, & qu'elle daigne

*l'accueillir fauorablement.
Par là elle me donnera le courage de luy faire bien-toſt quelque autre preſent plus digne
&c d'elle, &c de celuy dont la
plus haute ambition eſt d'eſtre
reconnu,*

MONSEIGNEVR,
De Voſtre Alteſſe
Royale,

Tres-humble, tres-obeïſſant,
& tres-fidelle ſeruiteur,
DVBRETON.

PREFACE.

Es titres d'Honneste Homme, & d'Honneste Femme , d'Honneste Fille & d'Honneste Garçon, que ie vois sur le front de tous les carrefours de cette ville, m'ont fait souuenir *de ce Prince, de ce Sujet, & de ce Gentil homme.* Ce sont trois petits Traitez d'Isocrate que i'ay traduits autrefois durant les diuertissemens, & les essais de ma petite ieunesse, & que i'ay trouuez fortuitement parmy mes papiers. Le premier regarde les deuoirs du Prince enuers ses sujets : le second, ceux des sujets

enuers leur Prince: & le troisief-
me, la conduite d'vn ieune Gentil-homme qui fait de la vertu fa
plus grande noblesse, & qui aime mieux luire de fa propre clar-
té, que de celle de fes Anceftres.
Ce qui m'a obligé à le donner au
Libraire, & par confequent au
public; c'eft la creance que i'auois
qu'ils pourroient feruir, tant à
l'education d'vn Enfant qui eft
la plus chere de nos efperances,
qu'au contentement & au profit
de tous les François. Car les plus
vtiles & les plus agreables de tous
les Liures, font fans doute ceux
qui ne tendent qu'à nous rendre
plus fages & plus vertueux, & qui
meflans l'vtile auec le delectable,
profitent autant à l'ame, qu'ils
plaifent à l'imagination. Celuy-

cy estant, comm'il est, de cette nature, ie ne pense pas que parmy ceux du Paganisme il s'en puisse trouuer aucun plus capable de faire en nous ce bel effet, & de composer cet agreable & salutaire temperament. Car tous les preceptes, & toutes les instructions qu'il contient sont si sages, si raisonnables, si contraires à la Morale d'Epicure, & si conformes à celle des Chrestiens, qu'il semble que ce n'est pas Isocrate, mais Saint Paul mesme, ou Saint Augustin qui les ayent dictez. Elles sont telles, à mon iugement, que la Theologie du monde la plus celebre & la plus ortodoxe, ie veux dire la Sorbonne, n'y troueroit rien à corriger, ny à retrancher. Tant a eu de pouuoir

en ces fages Payens la feule lumiere naturelle de difcerner le
bien d'auecque le mal, auffi bien
que le vray d'auecque le faux, &
de feparer par la raifon le pur
d'auecque l'impur. Leurs vertus
tant morales, qu'intellectuelles,
eftoient comme de belles aueu-
gles nées, & nous feroient au-
jourd'huy ce que les ftatuës de
Mercure eftoient autresfois aux
voyageurs, fi la connoiffance du
Dieu des Patriarches, & des Apo-
ftres euft gueri leur aueuglement.
Neantmoins telles qu'elles font,
ce grand Saint que ie viens de
nommer confeffe d'auoir receu
d'elles le premier gouft du bien,
& la premiere teinture de la Vertu, auffi bien que les belles &
honneftes connoiffances. Quant
à celles

à celles de noſtre Autheur, on en
peut auſſi recueillir tous ces beaux
fruits, comme du plus illuſtre &
du plus riche Profeſſeur de la Vertu & de l'Eloquence Payenne.
L'Orateur Romain appelle Vier-
ge l'eloquence, ou pluſtoſt l'elo-
quente Sageſſe de ce Grec : mais
ie penſe que ce n'eſt pas tant
à cauſe de la netteté, & de l'elegance de ſon langage, qu'à raiſon
de la pureté & de la prudence de
ſes inſtructions. Elles ſont presque toutes fort déliées, & fort
delicates, voire moins communes
que celles du Chef d'œuure de la
Science des mœurs, & des deuoirs
de la vie ciuile, que leur Autheur
a enrichis des plus belles dépoüil-
les du Maiſtre de Lelius, & des
autres Grecs. Ce qu'il faut, ie

penſe, attribuer non ſeulement à
ſon eſprit, mais auſſi à la façon
& à la methode auec laquelle elles
ſont eſcrites.　Car on peut bien
dire de plus belles choſes, quand
on les met peſle-meſle, tumultuai-
rement, & ſans ordre, que quand
elles ſont enchaiſnées par vne liai-
ſon & vne ſuite continuelle, comme celles d'Ariſtote en ſes Morales, qui font vn corps parfaitement regulier.　A quoy l'on doit
auſſi, ce me ſemble, rapporter
celles de Plutarque en ſes Traitez
Dogmatiques, qu'on auroit raiſon d'appeller vn cahos de beaux
Preceptes, de beaux Exemples, &
de belles comparaiſons. Ils n'ont
garde d'eſtre reguliers comme les
vies de ſes Illuſtres, où toutes les
regles de l'Architecture Hiſtori-

que font exactement obferuées.
Ce font, à vray dire, de beaux
corps animez de toutes les vertus
heroïques, & de toutes les plus
belles actions qui ont efté faites,
foit au milieu de la paix, ou parmy la guerre. Les belles fallies,
& les grands éclairs d'efprit qu'on
void briller dans les efcrits de Seneque, & de Montagnes, les plus
grands ennemis des liens de la
Grammaire & de la Rhetorique,
peuuent auffi eftre venus de la
mefme caufe. C'eft pourquoy
Quintilien n'examinant ceux de
Seneque qu'en Rhetoricien, qui
prend plus garde à la forme, qu'à
la matiére du difcours, & non pas
peut-eftre en Philofophe, qui en
confidere plus la matiere que la
forme, n'en a pas rendu vn grand

témoignage. Car il dit que leur
lecture eſt d'autant plus nuiſible,
& dangereuſe aux ieunes gens,
qu'ils ſont tous pleins de vices
agreables, & qu'il euſt deſiré que
le iugement d'vn autre euſt diſpo-
ſé, & mis par eſcrit ce que ſon eſprit auoit inuenté. Pour la meſme raiſon les eſclaues de la Grammaire liſans de Montagnes auec
les meſmes yeux que ce grand
Rhetoricien liſoit Seneque, & ne
le regardans que du coſté qu'il eſt
deffectueux, n'en font pas vn iugement plus fauorable. Et quóy
qu'ils ayent eſté tous deux les plus
grands eſprits, l'vn du regne de
Neron, & l'autre de celuy de
Charles neufieſme: toutesfois,
Aule Gelle appelle l'vn ſot & im-
pertinent: & Ioſeph de l'Eſcale

difoit de l'autre, comme i'ay appris d'vn de fes difciples, que c'e-
ftoit le plus excellent, & le plus
habile ignorant qu'il euft iamais
connu. Il faut eftre plus raifon-
nable, & pour defabufer les ieunes gens qui en font idolatres,
auoir la hardieffe de dire qu'on
les doit confiderer tous deux
comme de belles mines d'or & de
pierreries. Ie veux dire comme
vne agreable confufion de bonnes & de mauuaifes chofes, qui
pour eftre feparées les vnes des
autres, & mifes dans l'ordre qu'elles deuoient eftre, auoient befoin
d'vn efprit de difcernement, comme de celuy ou d'Ariftote, ou de
Ciceron, ou de Virgile. Car ce
font, à mon auis, les trois Autheurs de l'Antiquité qui ont pof-

fedé cet efprit en plus haut degré,
& qui font le moins fujets aux
cenfures de cette Reine qui prefi-
de & iuge fouuerainement dans
le Tribunal des Mufes. Chez eux il
n'y a ny choix, ny triage, ny d'é-
puration à faire : tout y eft extremement bon, rauiffant, admirable : tout y eft auffi épuré, & auffi
éclatant que l'or & les diamans
mis en œuure : En vn mot, & la
matiere, & la forme des difcours
y font également excellentes. Si
cela eft vray, ou faux, ie m'en rapporte à ceux qui en fçauent plus
que moy, & aux raifonnables
Critiques qui iugent fans paffion
& fainement des Autheurs. Car ce
n'eft qu'vne opinion que ie dis en
paffant, & non pas vn Arreft dé-
finitif. Apres tout, quelque iu-

gement qu'on faſſe de Seneque
& de Mótagnes, ils ſont admira-
bles & de grand vſage ; mais ſeulement pour ceux qui comme le
feu peuuent démêler l'or de ſes
excremens. Ie reuiens à Iſocrate,
& dis qu'il merite d'eſtre enrolé
en cet illuſtre & immortel Trium-
virat, compoſé des trois autres
que ie viens de nommer. Car en
toutes ſes harangues & en tous
ſes diſcours la forme du raiſonne-
ment eſt continuë, horſmis en
ceux-cy, où encor que les inſtructions ſoient, ainſi que des Apho-
riſmes, détachées, & découſuës ;
elles ne ſont neantmoins ny mal-
rangées, ny confuſes. Il les fait
aller file à file auec bien-ſeance,
& garde le rapport & la conue-
nance aux paſſages des vnes aux

autres. Elles ne sont ny au deçà,
ny au delà des deux extremitez
vicieuses qui sont aux costez de
la Vertu : & ce poinct de perfection presque aussi difficile à trouuer à la Morale, que cette pierre
imaginaire l'est à l'Alchymie, s'y
peut rencontrer. J'entens par ce
poinct ce milieu que les Philoso-
phes appellent milieu de raison,
ou mediocrité Geometrique également distante de l'excez & du
defaut, entre lesquels ils ont logé
la Vertu comme entre les bords
de deux precipices. Car puisqu'elle n'est pas vne extremité de vice,
elle ne doit estre ny insensible ny
déreglée, & son office consiste
non pas à déraciner tout à fait les
passions de l'ame, mais seulement
à les moderer, & à les soufmettre

à l'obeïssance de la Raison. Il ne
faut pas, dis-ie, les arracher & les
esteindre entierement, suiuant le
conseil de cette dénaturée & cruel-
le Philosophie, qui veut que son
Sage ait à l'entour du cœur, comme dit le Poëte, vn triple bastion
de cuiure. Il suffit apres les auoir
dontées de les tenir captiues
ainsi que de Sujets rebelles sous
l'authorité de leurs Souuerains,
ou comme de fâcheuses seruantes
sous l'empire de leur Maistresse.
Autrement ce seroit faire comme
les mauuais Medecins & les Em-
pyriques qui tüent les malades
pour guerir leurs maladies. La
Philosophie d'Isocrate est plus
humaine & plus raisonnable. Les
auis qu'il donne à son Prince ne
sont pas si violens & si cruels que

ceux que Zenon donnoit à ſes diſciples. *Croyez, luy dit-il, que ce ſera vne choſe vrayement royale, ſi ne vous rendant eſclaue d'aucune volupté, vous maiſtriſez vos paſſions & vos conuoitiſes auec autant d'empire, que vos Sujets.* Mais à conſiderer de prés ſes ſages maximes, on diroit qu'elles n'ont eſté faites que pour nous, & qu'elles ont eſté marquées en meſme coin que celles de nos Liures Spirituels. Et comme l'idiome & la phraſe Greque ont beaucoup de rapport à la noſtre : de meſme les inſtructions de ce Grec conuiennent fort, ce me ſemble, à nos mœurs & à noſtre façon de viure. De ſorte qu'on les pourroit auec autant de raiſon nommer Gallogreques, que cette ancienne partie de la Grece composée de Grecs, & de Gaulois meslez ensemble fut appellée Gallogrece. Elles n'ont rien de bas ny de seruile, elles ne flatent, comme il dit luy-mesme, ny les richesses, ny la puissance des Princes; elles sentent toutes la generosité & la grandeur de leur naissance. Elles sont escrites à vn Roy auec la mesme liberté dont vn Maistre parle à ses escoliers, ou vn Predicateur à ceux qui l'escoutent. En vn mot, de toutes ces pieces mises en œuure & en pratique, on pourroit former les chefd'œuures de la Politique & de la Morale, c'est à dire vn Prince parfait, vn bon Sujet, & vn parfaitement honneste homme. Aussi sont-elles venuës d'vne ville qui n'auoit pas encore ſuby le joug de la ſeruitude, & où, comme dit Ciceron, la raiſon, la moderation de la vie, l'vrbanité, la courtoiſie, & toutes les autres vertus ciuiles ont pris leur naiſſance & leur nourriture. C'eſt de l'Eſcole de celuy d'où comme du Cheual de Troye ſont ſortis vne infinité de grands Princes, de grands Orateurs, & de gráds miniſtres d'eſtat, qu'elles ont eſté heureuſement écloſes. L'excellence de ſes diſciples, & ſur tous de Demoſthene, ne donne pas moins de preuues de ſa ſuffiſance à enſeigner, que les beaux monumens de ſon eſprit rendent témoignage de ſon eloquence. La douceur de ſon langage eſt ſi grande, & le nombre de ſes periodes ſi iuſte, & ſi agreable, qu'il rauit les cœurs par les charmes de cette volupté que le plus eloquent, & le plus sçauant Iesuite de France appelle melo-dieuse. La cadence oratoire, qui estoit auparauant luy imparfaite dans les escrits de Trasymaque, de Gorgias, de Lysias, & de Thucidide, receut de sa plume toute la justesse, & toute la perfection dont elle estoit capable. En quoy monstrant aux premiers Orateurs, & aux premiers Escriuains de son temps ce qu'ils ne sçauoient pas, sa Maison fut estimée comme la boutique de l'Eloquence. Ciceron tout vain, & tout affamé de loüanges qu'il est, confesse qu'il est deuenu plus beau de la beauté, & plus riche des richesses de cet excellent Orateur.

En reconnoiſſance dequoy il luy
donne toutes les fois qu'il en parle de grandes loüanges, & témoi-
gne auoir pour luy vne affection
& vne eſtime extraordinaire.
Ceux, dit-il, *qui n'aiment point Iſo-*
crate, ſouffriront, s'il leur plaiſt, que
j'erre auec Socrate, & auec Platon.
Comme les loüanges de Caton me doi-
uent faire ſupporter facilement les mé-
diſances de mes Enuieux : de meſme
Iſocrate content du ſeul témoignage de
Platon, doit meſpriſer les jugemens
que les autres font de luy. Ces deux
Peres de la Philoſophie l'aime-
rent ſi tendrement dés ſon enfance, & conceurent deſlors vne
ſi grande eſperance de ſon eſprit,
que les bons augures que Socrate
en faiſoit, font la matiere la plus
agreable dont il entretient Phe-

dre dans Platon. *Il y a, dit-il, en l'esprit de cet enfant vne Philosophie naturelle, qui fait naistre en son ame vn mouuement diuin qui l'anime à s'esleuer au dessus de ses compagnons.* Aristote mesme l'admira en sa ieunesse, & fut tellement émeu de sa gloire naissante, qu'il dit vn iour en s'escriant dans cette émotion: *Quoy donc? les ieunes gens enseignent, & sçauent marier la prudence à l'art de bien dire!* Les Princes & les Grands, & sur tous Nicocle Roy de Salamine, & Artemise Reine de Carie, faisoient tant de cas de ses ouurages, qu'ils les achetoient au poids de l'or. On le fait Autheur de soixante harangues: mais au iugement de Denys d'Halicarnasse il n'y en a que vingt-cinq qui soient legitimes. Finalement, il aimoit son païs d'vne amour si tendre & si violente, qu'elle luy cousta la vie. Car la nouuelle de la défaite des Atheniens en cette fameuse bataille de Cheronée, qui fut donnée entr'eux, & le Roy Philippe, le fit mourir de regret à l'âge de cent six ans. De sorte que comme il eust Demosthene & Ciceron pour imitateurs de son éloquence, il les eust aussi pour compagnons de cette belle, & glorieuse passion, qui apres les auoir liurez tous deux, l'vn à la mercy d'Antipater, & l'autre à la fureur de Marc Antoine, couronna leur vie d'vne gloire immortelle.

Voylà tout ce que i'auois à dire en faueur d'Isocrate. Il faut que ie die encore vn mot pour

son Interprete. C'est pour de-
mander à nos Grammairiens paf-
feport pour vn mot tiré du Latin,
qui n'est pas encore en la bouche
du peuple, ny mefme dans leurs
efcrits, à fçauoir *vrbanité*. Ils font
trop honneftes gens pour me re-
fufer l'vfage & la vraye expreffion
d'vne chofe dont ils font des le-
çons aux autres, & vne particuliere profeffion. L'impoffibilité d'en
trouuer en noftre langue vn autre
qui peut bien exprimer tout ce
qu'il fignifie, m'a contraint de
l'employer. Car de dire raillerie
ou ciuilité, ce n'eft dire qu'vne
partie de fa fignification : d'autant que l'vrbanité confifte non
feulement à dire de bons mots de
raillerie, foit en attaquant, foit en
repartant : mais auffi en la grace,

C

en l'elegance, ou pluſtoſt en ie ne ſçay quelle ſecrete energie qu'on ſent bien, & qu'on ne peut exprimer, qui plaiſt & chatoüille agreablement l'imagination ſans faire rire, & qui conuient aux diſcours les plus graues & les plus ſerieux. C'eſt cette ſorte d'vrbanité dont Horace loüe la poëſie de Virgile, & qui la rend, comme il dit, extremement agreable, quoy qu'elle ſoit extremement ſeuere, & qu'il n'y ait pas vn ſeul vers capable d'émouuoir la plus douce, & la plus agreable de toutes les humeurs. C'eſt ce que les Latins appellent *Veneres, lepores, ſalſum, facetum, venuſtum*, & que les François ont beaucoup mieux fait d'expliquer par *leur ie ne ſçay quoy*, que par tous ces termes metaphoriques beaucoup inferieurs à la conception, & au sentiment que nous en auons. C'est ce sel & ce haut goust, sans lequel les plus beaux discours du monde sont aussi fades, & aussi dégoustans que les viandes mal cuites, & mal assaisonnées. Ce sont comme de belles filles qui n'ont ny esprit, ny grace, ny agréement. Cela vient de la friandise de nostre Raison, qui veut estre traitée aussi delicatement que la bouche de cet ancien Empereur qui n'auoit pour pensionnaires que des inuéteurs de sauces & de ragousts. Elle ne peut lire sans degoust, & sans ennuy les veritez toutes cruës & toutes séches : & c'est pour cela qu'elle dit des Autheurs, où elles sont telles, qu'ils n'ont pas ſacrifié aux Graces, non plus que ce grand corps où Catulle ne trouuoit pas vn grain de ſel. Car comme il n'y a que les gouſts doctes, & delicats qui puiſſent bien ſauourer les ſauces, & les aſ-ſaiſonnemens; il n'y a auſſi que les bons Railleurs à qui cette der-niere eſpece d'vrbanité ſoit ſenſi-ble, & connoiſſable. Il faut pour cela vn Genie & vne imagina-tion toute particuliere. Ie vou-drois la pouuoir repreſenter auſſi bien ſur ce papier, que la mienne la ſent & la gouſte dans celuy où elle la trouue. Pour la premiere, elle ſe fait ſentir indifferemment à tous ceux qui ſont ſuſceptibles de la paſſion qu'elle a couſtume d'exciter, & qui ne ſont pas de l'humeur de cet ancien Romain, qui ne rit iamais en toute ſa vie.

Il n'eſt pas iuſques aux païzans,
aux crocheteurs, & aux autres
gens de la lie du peuple, qui ne
la connoiſſent & ne la pratiquent
aux occaſions, ſinon delicatement & ingenieuſement, comme les Courtiſans & les bons eſprits, au moins groſſierement &
à leur mode. C'eſt particulierement chez les Poëtes qu'elle reſi-
de, comme dans ſon element; &
c'eſt d'eux que les Orateurs l'ont
empruntée, auſſi bien que la pro-
portion de leur nombre, & de
leur cadence. Ils ont tous à l'imitation de noſtre Iſocrate, tâché
de donner à leur proſe autant
que ſa forme & ſon art l'ont pû
permettre, tout ce qui fait lire
ou eſcouter les poëmes auecque plaiſir. De là vient l'affinité,

& la reſſemblance que lo plus
grand larron des charmes de la
poëſie & des gentilleſſes de cette
vertu, dit eſtre entre les Poëtes, &
les Orateurs. Ell'eſt ſi rare qu'on
ne la trouue qu'en fort peu d'eſ-
criuains tant Anciens que Nouueaux : & degenere facilement en
bouffonnerie, & en extrauagan-
ce, ſi elle n'a pour guides la prudence & le jugement. Parmy les
Anciens Ciceron, Virgile, Horace & Ouide : & entre les Nouueaux, Malherbe, Balzac & Re-
nier, ſans oublier les excellens Peres de l'Honneſte Homme & de
l'Honneſte Fille, ſont à mon gré
les plus parfaits modelles de l'vne
& de l'autre vrbanité.

Pour moy, qui ne ſuis ny de
ſerment, ny de profeſſion de croi-

re au texte de Ciceron, & de Quintilien, comme à celuy de Moyſe, & de Saint Paul, ie prendray auec leur permiſſion la liberté de donner vne plus grande eſtendüe à cette vertu. Ie dy donc qu'outre ce que ie viens de dire, elle regarde tout ce qui entre en la compoſition de l'homme exterieur; c'eſt à dire tout ce qui peut rendre ſa rencontre, ſa contenance, ſa conuerſation, ſon entretien, & ſes eſcrits agreables. Car eſtant oppoſée comm'ell'eſt à la Ruſticité, il faut par conſequent qu'elle poſſede toutes les proprietez contraires à l'inciuilité, à la preſomption, à la bizarrerie, à la contradiction, à la mauaiſe grace, & à tous les autres defauts dont l'humeur ruſtique fait

d'vn hóme vne beste. Et comme
la Rhetorique par la seule action
embrasse la voix, le maintien, la
contenance, le geste, la pronon-
ciation, & toutes les autres parties
qui composent l'eloquence du
corps : de mesme, ie pense que la
Morale par la seule vrbanité com-
prend toutes les vertus de la conuersation, comme la ciuilité, la
courtoisie, la complaisance, l'affabilité, & par excellence le don
naturel de railler honnestement,
agreablement, & de bonne grace. Ie dis naturel, pource qu'on
ne sçauroit le receuoir ny de l'art,
ny de l'estude, ny de l'exercice. Il
n'y a que la Nature qui le puisse
donner, & il semble que cette
Mere commune des hommes l'ait
voulu reseruer pour ses Fauoris,

comme celuy qui acheue, & rend
aimables tous les autres qu'elle
leur fait. C'est en vn mot ce caractere qu'Aristote mesme ne
sçauroit exprimer, qui distingue
l'homme bien fait d'auec celuy
qui ne l'est pas, le poly d'auec le
grossier, l'honneste railleur d'a-
uec le bouffon, & le rustique;
l'homme de Cour d'auec celuy
des Prouinces & de la campagne;
& pour comprendre le tout en
vne seule personne, le François
d'auec le Croate & le Moscouite.
Car il faut auoüer que la Nature
a esté si liberale, ou plustost si pro-
digue enuers les François de cette
vertu qui donne la grace à toutes
les autres, qu'il est croyable que les
Grecs & les Romains, des arts &
des sciéces desquels ils ont herité,

paroiſtroient groſſiers & ruſtiques auprés d'eux, s'ils reuenoient
au monde. Dequoy l'on peut
iuger facilement par la comparaiſon de leurs bons mots, & de
leurs rencontres auecque les no-
ſtres, & ſur toutes auec celles de
nos Courtiſans, que la renommée
de la Cour va publiant par toute
la France. Si Democrite, Dio-
gene, & ces autres grands mo-
queurs du genre humain, eſtoient
en leur compagnie, & qu'ils vou-
luſſent railler auec eux, leur raillerie tourneroit ſans doute à leur
riſée, & nous aurions raiſon de
leur dire ce qu'vn excellent Railleur diſoit aux mauuais Railleurs
de ſon temps:

Taiſez-vous importuns, mal-plaiſans
& ruſtiques,

Portez ailleurs vos mots sotement sa-
tyriques.

Mais ie ne prens pas garde que ie
me laisse emporter insensible-
ment à cette belle humeur, &
qu'elle me fait parler d'elle plus
qu'il ne falloit. Ie diray seulement que la veritable & honneste raillerie se doit contenter de
plaire, de diuertir, & de réjoüir
l'esprit de ses Lecteurs, ou de ses
Auditeurs. Autrement, si elle les
fait rire, elle franchit les bornes
que ses meilleurs Maistres luy ont
prescrites, & joüe le personnage
de Tabarin, ou de Gautier Gar-
guille, c'est à dire de la farce, & de
la bouffonnerie. Celle du second
Caluin, ou plustost du Rabelais
de sa nouuelle Secte, est de cette
nature ; non tant toutefois dans

ſes Liures, qu'en ſes Preſches,
comme i'ay oüy dire à quelques-
vns de ſes adherans. Quant à
celle dont ie parle, i'en ferois cer-
tes le portrait auecque plaiſir, la
peindrois de toutes ſes couleurs,
& en dirois des choſes qui poſſible ne déplairoient pas, ſi le lieu
& la neceſſité le requeroient. Il
ne faudroit qu'alleguer les exemples des Autheurs tant anciens,
que modernes que i'ay nommez
cy-deſſus, pour la repreſenter telle qu'elle eſt en ſa grace & en ſa
naïueté naturelle à ceux qui la
connoiſſent à ſa voix, & à ſes liurées. Ie reſerue tout cela pour vn
diſcours particulier, que i'en feray à la premiere enuie qui m'en
prendra. Pour cette heure i'en
ay voulu faire ce petit crayon,

pour faire voir à nos Autheurs
que ie suis en cela fondé en raison, & que ie n'ay pas inconside-
rement employé ce mot. Car le
choix des parolles estant, comme
disoit vn Ancien, la source de
l'eloquence, il faut rejetter en es-
criuant celles qui ne font pas en
vsage, comme l'on rejette en tra-
fiquant la fausse monnoye. Pour
celle-cy, quoy qu'elle ne le soit
pas: toutefois ils auront, ie m'af-
feure, assez de courtoisie pour
m'en accorder le passe-port, puisqu'il est impossible d'en trouuer
vne autre, comme j'ay dit, qui
puisse bien expliquer la plus naturelle & la plus charmante de
leurs qualitez. Il me semble qu'elle est pour le moins aussi douce &
aussi receuable que *securité*, intre-

pide, *ineffrayable, insidieux, parlerie, fluctuation, cogitation*. & beaucoup d'autres encore plus rudes dont l'Horace François se sert iusqu'à l'intemperance dans ses versions de Seneque. S'ils considerent auec mes raisons la nouueauté, & la rudesse de ces mots, ie ne pense pas qu'ils fassent difficulté de reccuoir *vrbanité*, & de l'authoriser desormais par leur exemple, quelque superbe que soit le iugement de leurs oreilles sçauantes, & delicates. C'est ainsi qu'appelle ce Iuge de l'harmonie des Orateurs celuy de tous les Anciens qui l'a le plus parfaitement pratiquée, & qui a esté le plus religieux en l'election tant des choses, que des parolles.

Apres tout, s'ils me condamnent

en cela, i'en appelleray à vn des
Maiſtres Iurez de leur art, & de
noſtre eloquéce dans le François,
duquel ie puis dire ſans flaterie
qu'Iſocrate meſme, outre la force
& la majeſté du ſtyle, la galanterie, & l'excellence des penſées quī
ne ſont pas dans ſon Grec, pourroit trouuer la pureté, la delica-
teſſe, les graces, & ſur tout la douceur, qui eſt la qualité dominan-
te de ſon langage. Ce qui me fait
croire que l'Enuie meſme, toute
injuſte, & toute enragée qu'elle
a eſté contre luy, ne le recuſeroit
point en cela comme Iuge in-
competant & ſubalterne dans le
reſſort des belles Muſes. Car
il s'en eſt ſeruy dans vne Lettre
qu'il me fit l'honneur de m'eſcri-
re dernierement, pour reſpondre

à vne des miennes, où ie luy diſois
ſur la fin que les loüanges qu'il
auoit donnéeȿ à la Langue des
anciens Romains, m'auoient fait
prendre enuie de l'en farcir. En
voici l'extrait. *Voſtre der-*
niere lettre m'a pleu merueil-
leuſement, & ce farci à la Ro-
maine eſt vn entremets ſi deli-
cieux, qu'il euſt eſté trouué
bon à la table de Mecenas, &
par ce dégouſté meſme, qui
reprochoit la Patauinité à Ti-
te Liue. Tout le reſte m'a
ſemblé également fort & deli-
cat, & dit de fort bonne grace,
à moy, dy-ie, qui compoſe des
Liures de l'Vrbanité, & qui
ne ris pas de tout ce que dit

Plaute

A.
Poll.

Plaute pour faire rire. Exercez toufiours ce beau talent, & fouuenez-vous que la Langue des Anciens Romains eft la Langue de la majefté & de la grace. Les gens du meftier connoiffent trop bien à l'air & au caractere le ftile de l'Illuftre Balzac; pour ne pas iuger par là que ces belles lignes, aufquelles l'affection a plus de part, que la verité, font parties de fa plume, Ie les ay voulu alleguer, non pour en tirer vanité; mais feulement pour authorifer ce mot, & pource que ie n'ay pas creu pouuoir faillir apres vn exemple qui vaut celuy de tout vn peuple. C'eft auffi pour faire voir aux malins & aux enuieux, ou pluftoft aux Bar-

bares, comme Ciceron appelle
les siens, que l'esprit & les graces
n'abandonnent iamais cet excellent homme, soit qu'il parle hau-
tement des choses, soit qu'il en-
tretienne familierement ses amis.
Si son cher Atticus aussi sage, &
aussi honnéste homme que celuy
de Ciceron, le peut porter à
publier beaucoup d'excellentes
compositions qu'il a faites depuis
son dernier voyage de Paris, on
y trouuera vn discours admirable
de cette vertu. Ie ne doute point
qu'on n'auoüe apres l'auoir leu,
qu'il a dit sur cette matiere des
choses toutes nouuelles, qu'il
sçait parfaitement la theorie, de
ce qu'il a mis parfaitement en
vsage, & que les cruautez de
l'Enuie ne l'ont ny dégousté des

Lettres, ny reduit à l'oisiueté des
Gentilshommes de la campagne.
Elles ne l'ont non plus touché
que les brocards & les risées des
goujats touchoient autrefois les
Conquerans au milieu de leur
triomphe. Il les a aussi magnani-
mement méprisées que Scipion
l'Affricain meprisoit les calomnies, & les faulses accusations de
ses ennemis. Et comme la Volupté ne peut auec tous ses charmes
ny empescher Hercule d'exter-
miner les monstres qu'il extermi-
na, ny amolir le courage de Ce-
sar, & le diuertir de ses hautes
conquestes: de mesme l'Enuie,
cette mauuaise ombre de la Vertu, n'a pû auec tous ses artifices
de nuire ny décourager cet elo-
quét Escriuain, ny luy faire aban-

donner les nobles, & glorieux exercices de son esprit. Au contraire, elle a fait dans son ame constante, & genereuse ce que l'huyle fait dans le feu, ou la persecution dans les bons entende- mens, & en la vertu heroïque. En effet, il seroit honteux que durant que la terre & les arbres d'vn des plus beaux Theatres de la Nature qu'il a consacré aux Muses semblent disputer ensemble de fertilité, son esprit né à produire toûjours quelque belle chose demeurast en friche & inutile à sa Patrie. Dequoy ses derniers ouurages rendront, s'ils sont publiez, vn eternel témoignage, & feront voir à la posterité que la meilleure partie de luy-mesme n'a pas esté oisiue, & qu'elle a

communiqué à son nom la plus
excellente proprieté de sa nature. Ie les loüerois d'autant plus
volontiers, qu'il y a plus de plaisir
de loüer vne chose dont on est
persuadé, & dont on connoit
l'excellence, comme ie connois
celle de la copie qu'il a faite de
cette Vertu qui a donné occasion
à cet auertissement. Mais pour
luy donner les loüanges qu'elle
merite, il suffit de dire qu'elle fut
admirée par son Original mesme,
qui est l'excellent Monsieur Des-
barreaux, la joye & les delices du
grand monde choisi. Dequoy ie
puis deposer comme témoin ocu-
laire, & dire sans flaterie que ce
galand homme ne void pas
mieux dans vn miroir la beauté
de son visage, qu'il vid dans ce

tableau celle de son esprit, & de
son humeur. Ce fut l'Automne
dernier côme son Autheur nous
en faisoit la lecture chez luy, c'est
à dire dans le thrône mesme de la
Vertu, de l'Honneur, de l'Vrbanité, & de l'Eloquence. C'est à
dire dans vne famille aussi recom-
mandable par la vertu des enfans,
que par celle du Pere & de la Mere, & que la prudence extraordinaire d'vn venerable vieillard de
quatre vingts dix ans gouuerne
encore auec vn esprit aussi sain,
& aussi vigoureux qu'il la gou-
uernoit dans la plus grande vi-
gueur de sa jeunesse. Chose
vrayement digne du titre d'vn
monument, & de son histoire
domestique! Tant y a, si nos
Grammairiens ne se rendent à

cette authorité, qui n'est pas petite, ie prendray patience, & en
attendant que le temps & l'vsage
ayent amoly la dureté de ce mot,
& qu'il soit de poids, & de mise
ie leur diray que de là ne dépen-
dent pas les Destinées de la France.

Quant à cette version, s'ils l'ap-
prouuent, i'en seray bien aise; &
s'ils la trouuent mauuaise, ie ne
m'en soucieray pas beaucoup,
pource que ie ne me pique point
d'escrire. Si ie m'en piquois, ie
voudrois faire gloire de sçauoir
bien inuenter, & non pas de bien
traduire, comme d'vne chose qui
tient trop de la gêne & de la dé-
pendance. Ceux qui me con-
noissent particulierement, &
qui sont de ma profession, ont

bien pû iuger par quelques escrits
de mon inuention, tant François,
que Latins, que ie leur ay communiquez, que ie suis plus capable de l'vn que de l'autre, si l'on
peut iuger de toute la piece par
l'échantillon. Mais ie ne vois pas
que ie me paye par mes mains, &
que ie me donne moy-mesme ce
que ie deurois attendre de leur li-
beralité. Ie n'en diray donc pas
dauantage, depeur de leur oster
l'opinion qu'ils peuuent auoir de
ma modestie, & de leur faire croire que i'ay mal profité des exemples de la leur.

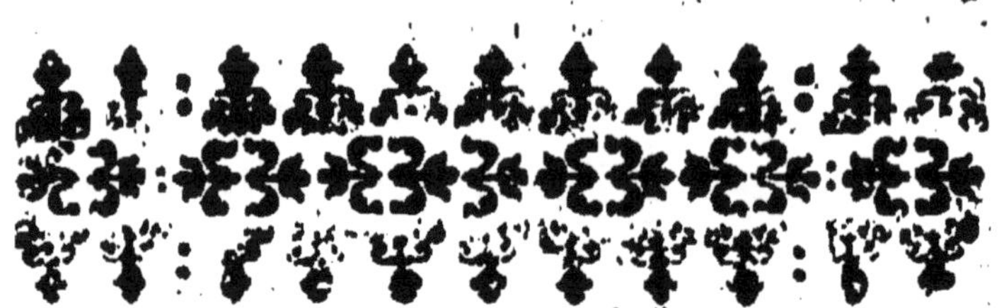

ARGVMENT.

E sage discours est vn composé, & comme vn tissu de beaux preceptes que cet excellent Orateur donne à Nicocle fils d'Euagoras Roy de Salamine, pour luy apprendre à bien gouuerner son Royaume. I'en poursui-urois & acheuerois moy-mesme l'Argument, s'il n'estoit

plus à propos de le luy laiſſer
faire à luy-meſme. Car il n'y
a perſonne qui connoiſſe mieux
vn ouurage , & qui ſçache
mieux faire l'analyſe, & l'a-
natomie du corps d'vne Orai-
ſon que celuy qui l'a faite. Le
voicy donc tel que ie l'ay tiré
d'vne de ſes harangues.

Vous auez ouÿ, Meſſieurs,
quelques endroits des deux
Oraiſons que ie viens de faire. Ie vous veux lire quelque
choſe de la troiſieſme, afin de
vous donner vne plus grande
aſſeurance qu'en tous mes diſcours, & en toutes mes haran-

gues ie n'ay point d'autre vi-
sée que la Vertu, & la Iustice.
Or celuy dont ie vous feray
maintenant la lecture, ensei-
gne à Nicocle, qui tenoit alors
les resnes de la Royauté, les
moyens de la bien gouuerner.
Mais il n'est pas escrit comme ceux qui vous ont esté
maintenant leus, où toutes
les choses sont enchaisnées par
vne liaison & vne suite continuelle. Tout le contraire
se void en celuy-cy. Le preceptes y sont desliez, & se-
parez les vns des autres.
C'est comme vn branle de di-

uers conseils, & de diuers enseignemens qui se tiennent
par la main, & que i'ay tâché de déduire le plus clairement, & le plus succinctement
qu'il m'a esté possible. I'ay
entrepris ce petit Traité sur la
creance que j'auois que les
auis dont il est composé, n'ap-
porteroient pas vn petit profit
à l'esprit de ce Prince, & qu'ils
mettroient en euidence mes
mœurs, & mes inclinations.
Car on verra assez par là
que ie l'ay entretenu auec
toute liberté, & sans déroger à la dignité de nostre vil-

le ; & que ie n'ay flaté ny ses
richesses , ny sa puissance. On
verra que i'ay defendu la
cause du peuple , & qu'autant que i'ay pû ie me suis
efforcé de rendre le joug de la
Royauté doux , agreable &
facile à supporter. Que si
parlant à vn Roy i'ay pris la
defense du peuple , auec quelle
hardiesse , & auec quelle affection n'exhorteray-ie point
ceux qui viuent dans le gouuernement populaire à luy
obeïr , à le craindre , & le
reuerer ? Et premierement
tout à l'entrée de ce discours,

ie reprens les Princes qui e-
ſtans obligez par leur naiſſance à exercer, & à cultiuer leur
eſprit ſur tous les autres, ſont
éleuez auec moins de ſoin plus
mal nourris, & plus ignorans
que les gens de baſſe condition.   En ſuite de cela ie dis
à Nicocle qu'il doit fuir ſur
toutes choſes l'oiſiueté & la
molleſſe,   & qu'il ne ſe gouuerne pas en la Royauté, comme s'il l'auoit receuë ainſi que
le Sacerdoce : Mais que mai-
triſant ſes paſsions, & ſes conuoitiſes auec autant d'empire
que ſes Sujets, il ſe rende ca-

pable de les commander. Ie
m'efforce aussi de luy donner
cette persuasion que c'est vne
chose ridicule qu'entre les
hommes les pires comman-
dent aux meilleurs, & les plus
sots aux plus habiles. De plus,
ie luy proteste que plus il mé-
prisera l'ignorance des autres,
plus il sera soigneux de va-
quer à la culture de son esprit,
& d'acquerir toutes les con-
noissances necessaires aux personnes de sa condition. Et finalement, ie luy donne franchement tous les auis, & toutes les instructions que ie crois

pouuoir seruir tant à la conduite de sa personne en particulier , qu'au gouuernement
de ses Sujets en general.

LE

LE PRINCE

D'ISOCRATE,

ADRESSE

A Nicocle Roy de Salamine.

S IRE,

Ceux qui ont de coustu-
me d'apporter aux person-
nes de vostre condition ou
des estoffes, ou du cuiure, ou
de l'ormis en œuure, ou au

tres chofes femblables, dont
ils ont eux-mefmes befoin,
& que vous auez en abon-
dance, donnent par là, ce
me femble, affez à connoiftre que leur deffein n'eft pas
de faire des prefens, mais vn
trafic, & qu'ils fçauent beaucoup mieux que les Mar-
chands mefmes l'art de bien
vendre. Pour moy, laiffant
cette forte de commerce à
ces perfonnes auares & mer-
cenaires, i'ay creu que ce feroit vn prefent auffi féant
à moy de le faire, qu'à
vous vtile de le receuoir, fi
vous marquant les chofes
que vous auez à faire, & cel-

les que vous deuez éuiter, ie
pouuois vous prescrire les
vrays moyens de bien gou-
uerner vos Sujets, & d'exercer dignement la Royauté.
Car quant aux personnes
priuées, plusieurs choses
leur peuuent tenir lieu d'en-
seignemés & d'instructions.
Premierement, l'impuissan-
ce de viure à leur aise, & la
contrainte de combattre la
necessité, & de trauailler
continuellement pour sub-
uenir à leur vie. Puis les
Loix & les Ordonnances de
leur pays, qui les font de-
meurer dans leur deuoir,
dans l'ordre & dans l'obeys-

fance. De plus, cette liberté que les amis, & les ennemis prennent également, les
vns de fe reprendre, & les autres de s'entr'accufer ouuertement.   Et finalement les
enfeignemens, & les preceptes de bien viure que les anciens Poëtes leur ont laiffez côme autant de moyens
de fe rendre plus vertueux,
& plus gens de bien.   Mais
quant aux Princes, ils font
priuez de toutes ces aydes.
De forte que ceux dont la
nourriture deuoit eftre la
meilleure,   comme la plus
importante, fi toft qu'ils ont
pris poffeffion de leur autho-

rité, ils secoüent le joug de leurs Gouuerneurs, comme la chose du monde la plus pesante & la plus importu-ne.   Ainsi ils passent leur vie dans vne entiere igno-rance de leur deuoir, & de leurs defauts, pource qu'il n'y a personne qui ose leur en donner connoissance, & que fort peu de gens peu-uent les approcher, & auoir leur oreille.   Et puis ceux qui l'ont, comme leurs fa-miliers & leurs domestiques, ne s'estudient qu'à leur com-plaire en toutes choses, & à ne rién dire, ny faire qui ne leur soit aggreable. Telle-

ment qu'estans inuestis d'v-
ne puissance souueraine, &
entrez en possession d'vn
grand Thresor, & d'vn
grand Domaine, ils ont fait
douter à plusieurs, pour en
auoir mal vzé, si la vie mo-
deste, & vertueuse des particuliers, n'est pas plus sou-
haitable & plus heureuse
que celle des Roys. Car
comme l'on regarde d'vn
costé les grands honneurs,
les grandes richesses, & cet
absolu pouuoir qui leur
donne la licence de tout
faire impunément, on les
met à l'égal des Dieux. Mais
comme de l'autre on vient

à considerer les craintes, &
les perils dont ils sont enui-
ronnez, & à se ressouuenir
que quelques-vns d'entr'eux
ont esté exterminez par
ceux dont ils auoient le
moins de sujet de l'attendre,
que quelques autres ont esté
contraints de se défaire de
leurs Fauoris & de leurs domestiques, & qu'à quelques
autres l'vn & l'autre est arriué, il n'y a personne qui
n'aimast mieux viure dans
vne condition priuée, quelque basse qu'elle fut, qu'a-
uec ces inconueniens com-
mander à toute l'Asie. Cette diuersité & cette confu-

fion viẽt de l'opinion qu'on
a que la Royauté foit fem-
blable au Sacerdoce, dont
chacun s'eftime capable;
là où de toutes les affaires
humaines c'eft la plus grande, & celle qui requiert le
plus de preuoyance. Or
de quelle forte vous deuez-
vous conduire en chaque
occurrence, & vuider les
affaires qui furuiénent tous
les iours en y retenant le
bien, & en s'éloignant du
mal, c'eft le deuoir de vos
Miniftres & de vos Officiers
de vous le confeiller. Pour
moy, ie m'efforceray feulement de vous donner des

memoires en general du but
que vous vous deuez propo-
ser, & des choses à l'entour
desquelles il vous faudra
plus ordinairement agir.
Quant à ce present que ie
vous fais, s'il doit répondre
estant acheué à la dignité
du sujet que ie me suis proposé, il est du commence-
ment difficile d'en faire vn
jugement asseuré. Car il
est souuent arriué que plusieurs escrits tant en Vers
qu'en Prose, n'estans encore qu'en promesse & dans
l'esprit de leurs Autheurs,
ont esté attendus auec grande opinion: mais apres auoir

esté acheuez & mis en lumiere, ils ont eu vne loüange fort petite en comparaison de l'esperance qu'on en auoit euë. Toutesfois quelque jugement qu'on fasse de celuy-cy, cette entreprise ne peut estre que belle & loüable de rechercher ce que les autres ont obmis, & d'imposer comme des Loix à la Royauté mesme. Car ceux qui instruisent les hommes priuez ne profitent qu'à chacun d'eux en particulier : mais si quelqu'vn exhorte & dresse à la Vertu ceux qui commandent au peuple, il profite aux vns &

aux autres. C'eſt d'autant
qu'il rend aux vns leurs au-
thoritez plus aſſeurées, &
aux autres leurs Commu-
nautez plus libres & plus
floriſſantes. Il faut donc
conſiderer premierement
quel eſt le deuoir des Roys.
Car apres auoir pouruoc à
la conſeruation, & au bien
de la teſte, d'où dépend celuy de tout le corps, il nous
ſera bien plus aiſé en tenant
cet ordre de diſcourir des
autres membres de la Mo-
narchie. Or ie croy qu'en
cela tout le monde demeu-
re d'accord, que leur principal deuoir eſt de deliurer

leur Royaume de toutes
sortes d'oppreſſions, d'y eſta-
blir vn bon ordre, de le faire fleurir en toutes sortes de
proſperitez , & de petit ɗe
rendre grand & magnifique.
Les autres choſes qui ſur-
uiennent tous les iours, ſe
doiuent faire en cette con-
ſideration, & ſe rapporter à
ce but-là. Ceux qui auront
cette viſée, & qui voudront
apporter tous ces biens à
leurs Eſtats , doiuent fuïr
ſur toutes choſes l'oiſiueté
& la molleſſe , & tâcher de
ſe rendre beaucoup plus
prudens, & plus vertueux
que les autres. Car il eſt

certain que l'Eſtat de la
Royauté eſt touſiours tel,
que le ſont les mœurs & les
inclinations de celui qui en
tient le timon. De ſorte
qu'il n'eſt pas plus neceſſaire aux Athletes d'exercer
leur corps, qu'il l'eſt aux
Roys d'exercer leur entendement. Car tous les prix
propoſez aux Aſſemblées,
& aux celebrations des jeux
publics, ne ſont rien en comparaiſon de ceux pour leſquels vous autres Roys entrez en lice, & combattez
tous les iours. Ayant ce
a deuant les yeux, il faut
que vous vous efforciez de

surmonter autant en Vertu
tous ceux de voſtre ſuje-
tion, comme vous les ſur-
paſſez en rang & en dignité.
Vous auez receu l'vn de la
Fortune, & vous pouuez
acquerir l'autre par l'eſtude
& par l'exercice. Car vous
ne deuez pas croire que le
ſoin & le trauail puiſſent venir à bout de toutes choſes,
& qu'ils ſoient inutilement
employez à nous rendre
plus gens de bien & plus vertueux. Il ne faut pas auſſi
eſtimer que les hommes
ſoient ſi malheureux qu'a-
yans trouué l'art d'appri-
uoiſer les beſtes farouches,

& de les rendre propres à leur seruice, nous ne puissions pas nous mesme nous donner quelque aide pour acquerir la Vertu. Ayez plustoft cette creance que l'institution, le soin, & l'habitude peuuent corriger nos mauuaises mœurs, & nos vicieuses inclinations. C'est pourquoy feruez-vous des plus fages d'entre vos domestiques, & de ceux qui feront ailleurs en reputation d'estre tels, approchez-en de vous le plus qu'il vous fera possible. Que nul ny des Poëtes, ny des Rhetoriciens les plus celebres ne

vous foit inconnu : mais de
ceux-là foyez auditeur, &
de ceux-cy foyez difciple.
Conftituez vous côme Iu-
ge des moindres, & comme
emulateur des plus Grands.
Car par ces exercices vous
vous rendrez bien-toft tel
en effet, que j'ay formé celuy qui veut bien regner, &
remplir dignement la plus
haute place du monde. A
quoy vous ferez par vous-
mefme viuement encoura-
gé fi vous confiderez que
c'eft vne chofe ridicule
qu'entre les hommes les pires commandent aux meil-
leurs, les plus ignorans aux

plus

plus doctes, & les plus sots
aux plus habiles. Si bien
que plus vous mépriserez
l'ignorance des autres, plus
vous serez soigneux de cultiuer voftre esprit, & de le
remplir de toutes les con-
noissances necessaires aux
personnes de voftre condition. C'eft par là que doiuent commencer ceux qui
voudronr s'acquiter dignement de cette charge, auffi
difficile qu'elle eft eminen-
te. Il faut auffi qu'ils ayent
tant pour les hommes, que
pour les villes, vne inclination naturelle. Car nul ne
peut eftre bon Gouuerneur

F

ny des hommes, ny des cheuaux, ny d'aucune autre
chofe, s'il ne prend plaifir à
la gouuerner. Et partant
ayez grand foin de voftre
peuple, & tenez pour tout
affeuré que le principal fon-
dement de voftre authorité,
eft que voftre commande-
ment luy foit agreable, &
qu'il s'eftime tres-heureux
de viure fous voftre regne.
Car il eft certain que des
Monarchies, & des autres
formes de gouuernement,
celles ont efté de plus longue durée, qui ont efté trai-
tées auec le plus de douceur,
& de moderation. Or vous

ferez bien-aimé de vos Sujets, & voſtre Nom ſera en
benediction parmy eux, ſi
vous ne ſouffrez ny qu'ils
reçoiuent, ny qu'ils faſſent
aucun outrage, ny que les
foibles ſoient la proye des
plus puiſſans. Vous joüirez
de ce bon-heur ſi vous donnez auſſi ordre que les perſonnes de merite ſoient ho-
noréés des plus belles charges ; & que les autres ſoient
à couuert de toutes ſortes
d'injures. Car ce ſont comme les premiers elemens, &
les plus importans princi-
pes de toute Republique
bien eſtablie, & bien gou-

uernée.   Quant aux Edits,
& aux Ordonnances reuo-
quez, & caſſez celles qui ne
ſont pas raiſonnables; & s'il
eſt poſſible faites-vous re-
connoiſtre Autheur des
meilleures, ſinon imitateur
de celles qui chez les eſtrangers auront eſté bien inuen-
tées, & que vous trouuerez
les plus cōnuenables à voſtre Eſtat.   Choiſiſſez les
Loix qui ſont vniuerſelle-
ment equitables & vtiles, &
qui s'accordent entr'elles; &
qui d'ailleurs ſoient telles,
qu'elles rendent les procez
fort rares entre vos Sujets,
& fort faciles à vuider. Ne

mettez point d'impos sur leurs marchandises ; mais chargez leurs procez de beaucoup d'espisses, & de grosses amandes. C'est afin que l'vn leur estant profitable, ils le fassent valoir, & l'exercent auecque plaisir ; & que l'autre leur estant dommageable, ils le fuyent comme la sangsuë de leurs bourses, & la teigne de leurs familles. Et sur les choses dont ils seront en contestation, ne donnez jamais des jugemens ny par faueur, ny qui soient contraires les vns aux autres : mais opinez tousiours pareillement des

choses pareilles. Car il faut
que les opinions des Roys
en matiere de Iustice, soient
(ainsi que les bonnes Loix)
constantes & inuariables,
Gouuernez les Villes de vostre Royaume comme vos
Chasteaux, & vos Maisons
particulieres, c'est à sçauoir
splendidement quant aux
appareils, mais moderément
quant à la despense, afin que
vous soyéz estimé & magnifique & mesnager tout en-
semble. Faites éclater vostre magnificence non aux
choses de grands fraiz, & de
courte durée; mais partie en
celles que nous venons de

dire, partie aux ornemens &
en la splendeur de voftre
Maifon, & en la beauté de
fes emmeublemens, & fur
tout en la reconnoiffance
des plus fignalez feruices
que vos bons Sujets, & vos
fidélles Seruiteurs vous auront rendus. Car ces fortes
de dépenfes feront toufiours
prefentes à vos yeux, & plus
glorieufes à vous-mefme; &
puis les laiffant à vos fuccef-
feurs elles leur feront plus
vtiles que toutes les vaines
profufrons d'or & d'argent
que vous fçauriez faire.
Quant à la Religion, gar-
dez & maintenez celle que

vous   auez receuë de vos
Anceſtres. Mais ſur tout,
croyez que le meilleur Culte, & le plus agreable Sacri-
fice que vous ſçauriez faire
aux Dieux Immortels, c'eſt
de vous preſenter deuant
eux auec vne ame pure &
innocente. Car il y a plus
d'eſperance qu'ils exauce-
ront pluſtoſt les prieres des
gens de bien, quoy qu'ils les
faſſent auec des mains vui-
des, que celles de ceux qui
auec des mains pleines de
ſang & de rapines leur im-
molent tous les jours vn
grand nombre de victimes.
Deferez les principaux hon-

neurs à vos proches, & à vos
domestiques ; mais les plus
solides & les plus veritables
à ceux que vous reconnoi-
strez les plus intelligens en
vos affaires, & les plus affectionnez à vostre seruice:
Croyez que la plus asseurée,
& la plus puissante garde de
vostre corps consiste, non
en celle des armes & des ram-
parts qui vous enuirōnent;
mais en la vertu de vos amis,
en l'amour de vostre peuple,
& en vostre propre prudence. Car par ces moyens il
est aisé non seulement de se
mettre en toute seureté, &
de dormir en assurance; mais

auſſi d'acquerir, & de con-
ſeruer de grandes Seigneu-
ries. Ayez l'œil ſur l'œco-
nomie de chacun de vos Sujets en particulier, & eſtimez que les prodigues diſſi-
pent du voſtre, & que les
ménagers eſpargnent pour
vous, & augmentent voſtre
Domaine. Car tous les
biens des Sujets tant Natu-
rels, que Naturaliſez appartiennent aux Princes juſtes
& legitimes. Monſtrez vous
touſiours ſi ponctuel, ſi fidelle, & ſi religieux obſer-
uateur de la Verité, qu'on
adjouſte plus de foy à voſtre
ſimple parolle, qu'aux ſer-

mens de tous les autres. Faites que tous les Estrangers
trouuent en vostre Royau-
me vne retraite tres-asseu-
rée, comme aux Traitez &
aux Conuentions vne foy
inuiolable, & vne legalité
incorruptible. Pour le regard des Suruenans, faites
grand cas, & recueillez fauorablement, non ceux qui
vous apportent des presens,
mais ceux qui desirent d'en
receuoir de vous. Car vo-
stre magnificence jettera
par là vn plus grand éclat, &
se faira mieux sonner en la
bouche de tous les hommes.
Ostez à vos Sujets tout su-

jet de crainte, & de frayeur;
mais particulierement aux
personnes paisibles, & inno-
centes; & monstrez-vous si
doux & si affable à tout le
monde, qu'on reuere plu-
stost, qu'on n'apprehende
vostre rencontre. Car il est
certain que vous aurez pour
les autres le mesme cœur
que vous les aurez accou-
stumez d'auoir pour vous.
Ne faites rien ny auec pre-
cipitation, ny par imperuo-
sité de colere; mais faites
semblant de lascher les resnes à cette passion, quand
l'occasion vous y contraindra. Donnez preuue de

voſtre vigilance en recher-
chant tout ce qui ſe fait, &
de voſtre clemence en adou-
ciſſant les punitions, & les
ſupplices. Maintenez vo-
ſtre authorité non par la ſe-
uerité & par la rigueur des
peines, mais par l'excellence de voſtre ſageſſe; afin que
tous les autres eſtimēt qu'ils
vous ſont inferieurs en entendement, & que vous ſçauez mieux preuoir qu'eux-
meſmes à leur ſalut & à leurs
affaires. Que la ſcience de
la diſcipline militaire, & les
preparatifs de la guerre témoignent que vous eſtes
belliqueux : mais monſtrez-

vous pacifique en ne vous
preualant de rien contre la
raison, & la Iustice. Com-
portez-vous à l'endroit des
plus foibles & des moindres
villes, comme vous desirez
que se comportent enuers
vous les plus grandes & les
plus fortes. N'entrez iamais
en contention indifferem-
ment pour toutes choses,
mais pour celles seulement,
dont la victoire vous fera
honorable & auantageuse.
Estimez dignes de mépris,
non ceux ausquels le ceder
a esté profitable, mais ceux
ausquels le vaincre a esté
pernicieux. Estimez pru-

dens & magnanimes, non
ceux qui entreprênent plus
qu'ils ne peuuent executer,
mais ceux qui n'aspirans
qu'à des choses mediocres,
viennent à bout de ce qu'ils
entreprennent. Imitez, non
ceux qui ont fort estendu
au long & au large les bornes de leur Empire ; mais
ceux qui sçauent bien gouuerner & administrer ce
qu'ils possedent. Estimez-
vous de tout poinct heu-
reux, non si vous comman-
dez à tous les hommes d'vne
façon terrible & perilleuse;
mais si vous monstrant tel
que vous deuez estre, & si

vous comportant selon vo-
stre cõdition, vous ne desi-
rés que les choses mediocres
&   ne vous sentez point en
auoir besoin.   Receuez en
vostre amitié, non toutes
sortes de personnes indiffe-
rémment : mais seulement
ceux que vous en jugerez
dignes : non ceux auec lesquels vous passerez le temps
plus agreablement : mais
ceux par le moyen desquels
vous pourrez mieux gou-
uerner vostre Royaume. Informez-vous soigneusemét
des mœurs & de la vie de vos
domestiques, & sçachez que
tous ceux qui ne vous fre-
quen-

quentent point vous juge-
ront estre tel, qu'ils verront
estre ceux de vostre Maison.
Aux affaires que vous ne dé-
pécherez point vous-mes-
me, commettez-y de tels
hommes, qu'il vous sou-
uienne que quelque chose
qu'ils fassent, elle vous sera
imputée. Tenez pour fidelles, non ceux qui loüeront
tout ce que vo° dites, & que
vous faites: mais ceux qui
vous reprendront franche-
mét des fautes que vous fai-
rez. Donnez toute liberté
aux hommes prudés & bien
aduisez, de dire leurs sentimens, afin qu'aux choses

dont vous serez en doute, vous ayez des personnes ca-pables de les examiner, & les démesler auecque vous. Discernez ceux qui vous flatent auec artifice, d'auec ceux qui vous cherissent, & vous seruent auec affection, de peur que la condition des méchans ne soit meilleure que celle des gens de bien. Escoutez tout ce que les vns vous rapporteront des autres, & tâchez de sçauoir qui & quels sont les rappor-teurs, non moins que ceux desquels ils vous feront les rapports. Punissez aussi ri-goureusement les calom-

niateurs; que les criminels.
N'ayez pas moins de com-
mandement ſur vous-meſ-
me, que ſur les autres : . &
croyez que ce ſera vne choſe vrayement royale; ſi ne
vous rendant eſclaue d'aũ-
cune volupté, vous maiſtriſez toutes vos conuoitiſes
auec plus d'empire que vos
Sujets. Ne faites familiari-
té auecque perſonne par hazard; & ſans y auoir bien
penſé, mais accouſtumez-
vous à vous plaire en la
compagnie de ceux qui
vous peuuent rendre &
faire eſtimer plus ſagé, &
plus homme de bien. Ne

G ij

vous flatez point en vous-
mefme, & ne tirez point vanité des chofes que les méchans mefmes peuvent fai-
re, mais des actions vertueufes dont ils font incapables,
& aufquelles ils n'ont aucune part. Penfez que les
vrais honneurs ne font pas
ceux que la crainte vous
fait rendre en public ; mais
ceux que les hommes vous
font dans le cœur, s'ils ad-
mirent plus voftre prudence, que voftre fortune. Ca-
chez-vous, fi d'auanture il
vous arriue d'auoir de la
joye, & de la complaifance
pour quelque chofe de peu

que vous ayez faite : mais
qu'à voſtre ſeule contenance on voye que vous   ne
conceuez, & ne deſirez que
de grandes choſes. Ne penſez pas qu'il n'y ait que les
particuliers qui ſoient obligez de viure moderément,
& qu'il ſoit permis aux Rois
de mener vne vie débordée
& licentieuſe : mais au contraire ſçachāt que les mœurs
des Sujets ſe conforment
ordinairement à celles du
Prince ,   & des Magiſtrats,
faites que voſtre temperance ſerue d'exemple à tous les
voſtres. Prenez cela pour
vne   preuue certaine que
G iij

vous gouuernez comm'il
faut voftre Royaume , fi
ceux aufquels vous com-
mandez deuiennent & plus
riches,& plus modeftes fous
voftre regne. Penfez qu'il
vaut mieux que vous laif-
fiez à vos enfans yne glo-
rieufe reputation , que de
grandes richeffes. Car cel-
les-ci font mortelles,& l'autre eft immortelle. Qui plus
eft , auec la reputation on
acquiert les biens ; mais par
les biens la reputation ne fe
peut acheter. Ioint que les
richeffes peuuent arriuer
aux plus méchans : mais il
n'y a que les perfonnes ex-

cellentes en Vertu qui puif-
fent   acquerir la gloire.
Quant aux habillemens &
aux ornemens de voftre
corps,   foyez fplendide &
magnifique: mais aux au-
tres actions foyez laborieux
& infatigable, comme les
Rois doiuent eftre.   C'eft
afin que ceux qui vous re-
garderont vous jugent mefme par le port, digne de la
Royauté, & que vos fami-
liers faffent le mefme jugement par la force & la fer-
meté de voftre ame. Pezez
& confiderez tout ce que
vous auez à dire, & à faire, afin que vous ne tom-
G iiij

biez qu'en fort peu de fautes. Le meilleur feroit bien
de garder cette mefure & ce
milieu fi neceffaire en toutes chofes: mais d'autant
qu'il eft tres-mal-aifé de le
connoiftre, il fuffira de vous
dire, que par tout il vaut
mieux en laiffer, que d'en
prendre trop. Car la Vertu
de la mediocrité fe void
mieux dans le defaut, que
dans l'excez. Eftudiez-vous
d'auoir de la courtoifie, &
de la grauité tout enfemble:
car l'vne eft feante à la Royauté, & l'autre eft conuenable à la conuerfation. Mais
c'eft vne des chofes du mon-

de la plus difficile.   Car il
s'en trouuera quelques-vns
qui affectans la grauité tom-
bent en vne froideur mef-
feante, & quelques autres
qui voulans faire les courtois & les ciuils, font de fou-
miffions & de baffeffes fer-
uiles. Or il faut vfer de l'v-
ne & de l autre de fes Vertus
ciuiles, & fuir autant qu'on
pourra les incommoditez
qui fe voyent aux extremitez de toutes les deux.   Si
vous voulez fçauoir parfaitement ce qui eft digne de
la connoiffance des Roys,
appliquez-y la difcipline &
l'exercice.   Car comme la

difcipline vous en monftre-
ra le chemin , de mefme l'e-
xercice fera que vous les
pourrez faire auec adreffe
& facilité. Repaffez par voftre memoire ce qui a efté
fait , & mis par efcrit, tant
des perfonnes priuées , que
des grands Princes : car le
fouuenir des chofes paffées
vous fera prendre de meilleurs aduis pour les futures.
Eftimez que ce feroit vne
grande honte , que puifque
plufieurs des particuliers
mettent franchement leur
vie pour leur païs , afin de
laiffer d'eux apres leur mort
vne memoire honorable; les

Rois refusassent de faire des
actions qui leur peuuent acquerir de la gloire durant
leur vie. Faites que vos por-
traits & vos statuës laissent
plustost & conseruent la memoire de vostre Vertu, que
de vostre corps. Sur tout,
ayez soin de mettre & vous
& vostre Estat en repos & en
seureté: Et si vous estes contraint de courir fortune,
choisissez de mourir plustost
auec honneur, que de viure
auec honte & infamie. Sou-
uenez-vous en toutes vos
actions que vous estes Roy:
& prenez soigneusement
garde de ne rien faire qui soit

indigne de la Royauté. Ne
souffrez point que toute
voftre nature periffe en vn
moment: mais puifqueDieu
vous a donné vn corps mortel, & vne ame immortelle,
faites que vous laiffiez de
voftre ame vne memoire
non periffable. Parlez ordinairement des belles actiós,
afin que vous vous accou-
ftumiez à conceuoir des
chofes femblables à celles
que vous auez couftume de
dire. Effectuez & mettez
en œuure les chofes qu'en
penfant & difcourant à part
vous, vous jugerez les meilleures. Imitez les actions de

ceux dont vous admirez la gloire.   Qu'il ne vous soit point fâcheux de faire ce que vous ordonneriez à vos enfans. Ou seruez-vous de nos enseignemens, ou trouuez-en vous-mesme de meilleurs & de plus vtiles. Tenez pour sages non ceux qui disputent curieusement des petites choses, mais ceux qui parlent judicieusement des grandes : non ceux qui estás pauures & malheureux promettent aux autres la beatitude, mais ceux qui parlans sobrement d'eux-mesmes, sçauent neantmoins manier dextrement les affaires, &

conuerſer commodément
auecque les hommes: non
ceux qui s'inquiétent & ſe
troublent pour les change-
mens de leur condition , &
de leur vie; mais ceux qui
ſçaꝯ ent brauement & mo-
derément ſupporter tant là
bonne, que la mauuaiſe fortune:

     Au demeurant, ne trou-
uez point eſtrange que ie
vous aye dit beaucoup de
choſes que vous ſçauez il y
a long-temps. Car ie n'irgno-
rois pas cela : mais ie ſçauois
bien que parmy vn ſi grand
nombre & de Princes , & de
perſonnes priuées, les vns

pourrõt auoir déja dit quelqu'vne de ces chofes que ie
viens de vous dire, que les
autres les pourront auoir
oüyes, que quelques autres
les auront veu practiquer, &
qu'aucuns encore les practi-
quent eux-mefmes. Car aux
difcours qui prefcriuent &
enfeignent les deuoirs, où
l'on ne peut rien trouuer ny
d'eftrange, ny d'incroyable,
ny qui foit éloigné des opinions communes, la nou-
ueauté n'eft pas neceffaire.
Mais il faut tenir celuy pour
tres-docte & tres-habile, qui
des chofes efparfes en la tefte
de diuers hommes, en aura

pû recueillir vn grand nom
bre, & les ayant recueillies
en aura parlé auec elegance.
Ie ſçauois bien auſſi qu'encore que tous eſtiment tres-
vtiles & tres-profitables les
Poëmes & les autres ſortes
d'eſcrits qui ſont faits pour
noſtre inſtruction : neantmoins il ne ſe trouue perſonne qui les eſcoute volontiers, & qui ne leur faſſe ce
qu'on fait ordinairement
aux Cenſeurs, & aux Refor-
mateurs. Car comme cha-
cun les louë, chacun fuit
auſſi leur compagnie, & deſire pluſtoſt celle de ceux
qui les accompagnent en

leurs

leurs vices, que de ceux qui
les en diuertiſſent. De cela
peut faire foy la poëſie d'He-
ſiode, de Theognis, & de
Phocylide. Car tous auoüẽt
bien qu'ils ont laiſſé dans
leurs eſcrits de tres-bons &
tres-vtiles conſeils pour la
vie des hommes: Mais quoy
qu'ils faſſent cet aueu; ils
aiment mieux toutefois perdre le temps à oüir & dire
des ſotiſes, que de l'employer
à lire & apprendre leurs
beaux enſeignemens. Que
ſi quelqu'vn tiroit des œuures des plus excellens Poëtes leurs plus belles ſenten-
ces, & qu'ils ont eſcrites a-

uec le plus de foin, & qu'en
ayant fait vn recueil il les
mit en lumiere, il n'y a point
de doute qu'on ne leur fit la
mesme reception, & le mesme traitement. Car on
prendroit plus de plaisir à
quelque méchante come-
die, ou à quelque vilaine
farce, qu'à escouter leurs
Poëmes faits auecque tant
d'art & de grace, qu'il semble que les Muses mesmes
les ayent composez. Mais
qu'est-il besoin de s'arrester
sur chasque particularité?
Car si en general nous voulons prendre garde au naturel, & aux inclinations des

hommes, nous trouuerons
que la pluſpart ne ſe plaiſent
ny aux viandes les plus ſalu-
taires, ny aux plus belles occupations, ny aux connoiſ-
ſances les plus vtiles, ny aux
meilleures actions : mais
qu'en tout & par tout ils
ſuiuent les plaiſirs les plus
contraires à la raiſon, & à
l'vtilité. De ſorte que ceux-
là ſont eſtimez hommes de
valeur & de ſeruice, qui ne
ſont rien de ce qu'ils doiuent
faire, & qui negligent entierement leur deuoir.
Comment donc pourroit-
on plaire à ces gens-là, ſoit
qu'on les enſeigne, ſoit

qu'on leur faſſe quelque ſage remonſtrance, ſoit qu'on
leur donne quelque auis vtile & ſalutaire? Outre ce que
nous venons de dire, la prudence paſſe pour fineſſe, la
ſageſſe pour folie, & la fran-
chiſe pour ſotiſe dans leur
opinion. Ils fuyent de telle
ſorte d'apprendre la verité
en toutes choſes, qu'ils
n'ont point de connoiſſance de leurs propres affaires.
Car ils n'ont point de plus
grand déplaiſir que d'y pen-
ſer, ny de plus agreable di-
uertiſſement que de parler
de celles des autres. Ils ai-
meroient mieux ſouffrir en

leur corps, que de donner quelque honneste occupation à leur esprit, & d'auoir la moindre pensée pour les choses qui leur sont necessaires. Finalement, dans leurs conuersations ordinaires vous les trouuerez se raillans & se gaussans les vns des autres, & dans leur cabinet entretenans leurs pensées, non de sages deliberations, mais de vains souhaits & d'imaginations ridicules. Ce que ie n'entens point auoir dit contre tous; mais seulement contre ceux qui sont sujets aux vices & aux defauts dont nous venons de parler. Au reste, il est tres certain que si quelqu'vn veut escrire quelque chose, soit en prose soit en vers, qui soit bien receuë & agreable à tout le monde, il ne faut pas qu'il escriue des choses vtiles & serieuses; mais des fables, & des Romans. Car le peuple escoute aüecque plaisir ces choses feintes & fabuleuses, & regarde auec ennuy les vrayes causes, & les vrais combats. C'est pourquoy Homere, & les premiers Inuenteurs de la Tragedie sont dignes de loüange & d'admiration: de ce qu'ayans pris garde au

naturel, & à l'humeur des
hommes, ils ont dextremēt
meſlé l'vn & l'autre en leurs
Poëſies, à ſçauoir l'vtile &
l'agreable. Car l'vn a eſcrit
fabuleuſement les combats
& les guerres des Demi-
dieux: & les autres ont re-
preſenté & donné corps aux
fables par les jeux & par les
actions; afin qu'ils ne fuſſent
pas ſeulement ouys, mais
auſſi regardez auec applau-
diſſement. Ces exemples
font aſſez voir que ceux qui
voudront auoir grand nom-
bre de lecteurs & d'audi-
teurs fauorables, doiuent
faire trefue d'inſtructions &

de remonstrances,& ne pen-
ser qu'à escrire & dire des
choses qu'ils jugeront deuoir estre plausibles & agreables.

Ie vous ay dit, Sire, tout
ce que ie viens de dire, sur
l'opinion que j'ay que puis-
que vous n'estes pas vn d'entre plusieurs, mais Roy de
plusieurs, vous deuez auoir
tout autre sentiment que les
autres, & mesurer l'importance des affaires, & la suffisance des hommes: non aux
plaisirs, mais aux actions
vtiles & vertueuses ; veu
principalement que les Professeurs de la sagesse ne sont

pas d'accord entr'eux touchant les exercices de l'esprit. Car les vns par les subtilitez de la Dialectique ; les autres par les preceptes de l'eloquence ,   & quelques autres par autres semblables voyes promettent la sagesse à leurs Auditeurs. Tous neantmoins demeurent d'accord qu'il faut que l'homme bien fait & bien esleué, acquiere de chacune de ces choses la suffisance de bien, & judicieusement deliberer.   Il faut donc laisser à part les choses douteuses & contestées ; & embrasser celles qui ne le sont pas, afin

d'en juger plus sainement.
Quant aux Conseillers, il
faut les esprouuer aux occasions & aux affaires pre-
sentes, & rejetter ceux qui
ne parlent qu'en general, &
par lieux communs de tou-
tes choses, & qui ne voyent
goutte en celles qu'il faut
faire, & qu'on met en deli-
beration. Car il est certain
que celuy qui n'est pas bon
& vtile pour soy-mesme, ne
faira rien qui vaille pour les
autres. Mais quant aux
hommes   d'entendement,
qui voyent plus clair, & de
plus loin que les autres, che-
rissez-les, & faites-en grand

eas; & tenez pour tout affeuré qu'vn bon Miniftre eft
le plus auantageux, le plus
eftimable, & le plus pre-
cieux threfor qu'vn Prince
fçauroit poffeder. Croyez
encore que ceux qui auront
pû cultiuer voftre efprit, &
le rendre capable des fonctions de la Royauté, pourront auffi rendre tres-grand
& tres-floriffant voftre Royaume. Pour moy, vous ho-
norant comme ic fais, & de-
firant de vous feruir de tous
les moyens qui me feront
poffibles, ie vous ay voulu
donner ces auis felon la por-
tée de mon efprit, & de mon

intelligence. Ne fouffrez donc plus que les autres, comme i'ay dit au commencement, vous faffent les prefens qu'ils ont couftumé de vous faire, & que vous achetez beaucoup plus cherement de ceux qui vous les font, que de ceux qui vous les vendent. Receuez pluftoft ceux que vous ne puiffiez vfer, quoy que vous vous en feruiez continuellement, & que l'vfage pourra rendre & plus grands & plus eftimables.

F I N.

A MONSIEVR
COVRTIN,
Conseiller du Roy, Tre-
sorier de France, & Gene-
ral des Finances en Au-
uergne.

ONSIEVR,

*Vous sçauez que les Poëtes
ont logé les Muses en des va-
lées où il n'y a que des fontai-
nes, & sur des montagnes qui*

ne sont fertiles qu'en paroles.
Diuers donnent diuerses in-
terpretations à ces demeures
feintes, & imaginaires. Il en
est qui estiment qu'ils ont don-
né ces appartemens à ces diui-
nes Filles,   tant pource que
leurs glorieux exercices veu-
lent le repos & la solitude;
que parce que leurs specula-
tions ne peuuent sans l'action
nous acquerir les biens de l'es-
prit & de la fortune tout en-
semble. Si cela est vray, ou
non, ie m'en rapporte aux In-
terpretes des fables. Pour moy,
ie pense que ces agreables
Menteurs nous ont voulu plu-
stost signifier par celle-cy, que

la science & les richesses ne se
trouuent pas souuent ensemble,
& que les paroles sont la monnoye dont les gens de Lettres
reconoissent ordinairement les
plaisirs qu'on leur fait.   C'est
l'or, & l'argent dont Ciceron,
Virgile, & Horace, payerent
ce qu'ils deuoient à Pompée, à
Auguste, & à Mecenas les
plus grands Creanciers des
plus belles Muses. Le paye-
ment qu'ils leur firent estoit
beaucoup au dessus de leurs
debtes, & les interests de ces
illustres Debiteurs valoient
beaucoup plus que le principal
de ces fameux, & magnifiques
Vsuriers. Car pour des choses

passageres, & perissables, ils
leur donnerent vne gloire immortelle: & sans eux le mesme
tombeau qui couurit leurs
corps, eust aussi peut-estre couuert leur memoire, & enseue-
ly dans les tenebres les grandes choses qu'ils auoient faites. Pour vous, MONSIEVR,
si vous ne vous contentez de
cette sorte de gratitude, qui
n'est pas à rejetter, comme vous
voyez, quoy qu'elle ne parte
que de l'esprit, ie suis insolua-
ble, & ne sçaurois satisfaire
autrement à ce que ie vous
dois. Car voyant auec patience en ma fortune, comme ie
fais, le sens moral de cette fa-
ble,

ble, ie ne puis par consequent
vous rendre que de nouuelles
parolles pour les nouueaux effets de faueur & de courtoisie
que j'ay receus de vostre bonté.
Pour cet effet, j'ay emprunté
celles de ce Subjet d'vn grand
Orateur de l'ancienne Grece,
& vous les presente maintenant comme à l'vn des meilleurs, & des plus considerables
Subjets du plus Iuste & du plus
Grand Roy du Monde. C'est,
MONSIEVR, tant pour vous
rendre la reconnoissance qui
est en mon pouuoir, que pour
donner au public vn second témoignage de l'estime singulie-
re que ie fais de vostre person-

ne, & de vos excellentes qualitez. Tous ceux qui vous
pratiquent, & particulierement le premier Ordre de ce
Royaume, comme celuy qui
en a vne particuliere connoiffance, leur donne auecque moy
fes voix, fes applaudiffemens,
& fes loüanges. Ce n'eft pas
fans raifon, ny fans fondemēt.
Car lors qu'a fon gré vous
exerciez la premiere Charge
de fes Finances, vous les fai-
fiez fi bien reluire, & en don-
niez tous les jours de fi belles
preuues, qu'elles y font encore
admirées, vous font trouuer à
dire, & paßionnément fouhai-
ter dans vne place que vous

remplißiez, auec autant de fidelité que de suffisance. Elles
y attiroient sur vous les volontez, & les affections de tous
les grands Prelats dont cette
sainte & auguste Hierarchie
Françoise est composée. Elles
y seruoient d'exemple d'integrité, d'industrie, de prudence,
& de toutes les autres Vertus
tant morales, qu'intellectuelles qu'elle peut exiger de ceux
qui en ont le maniement. Aussi y ont-elles laissé vne tres-
bonne odeur d'elles-mesmes, &
vne memoire immortelle de
voste Nom. En vn mot,
MONSIEVR, elles sont telles,
qu'elles meriteroient d'estre le

ſujet d'vn excellent Panegyri-
que, & non pas d'vne mauuaiſe lettre comme celle-cy. Cer-
tes, ie m'eſtendrois auecque
plaiſir ſur vne matiere ſi a-
greable, ſi ie ne craignois d'of-
fenſer la modeſtie que ie ſçay
eſtre auſſi grande en vous, &
auſſi naturelle, que la ciuilité,
la courtoiſie, & cette genereu-
ſe inclination que vous auez
à obliger les perſonnes de merite. Ie n'en diray donc pas
dauantage, & me contente-
ray de vous ſupplier tres-humblement de prendre ce petit preſent que ie vous fais, non tan
pour vn nouuel effet de me.
petites occupations, que pou

vne preuue indubitable du res-
sentiment des obligations que
ie vous ay, & de la paßion ex-
treme dont ie suis, & seray
toute ma vie,

MONSIEVR,

Voftre tres-humble, tres-
obeïffant, & tres-
obligé feruiteur,

DVBRETON,

ARGVMENT.

ES deuoirs du Prin-
ce enuers ses Subjets
ont esté succinctement
representez au premier Traité: Et en cettui-cy sont expo-
sez auec non moins de grace
& d'elegance ceux des Subjets
enuers leur Prince. Et comme les Poëtes Satyriques ont
coustume de reprendre les vices, & de se moquer des ex-
trauagances d'autruy en leur
propre personne, pour se mettre
possible mieux à couuert de la
haine & de la vengeance de
ceux qu'ils offensent. : De

mesme Isocrate fait en celle de
Nicocle cette sage remon-
strance aux Courtisans,   aux
grands Seigneurs, & vniuer-
sellement à tous les Subjets de
ce bon Roy. C'est afin, comme
ie pense, de luy donner & plus
d'authorité & plus de creance
dans l'esprit de ceux qui la li-
roient, ou qui l'entendroient.
Que si au commencement de
ce discours, il fait loüer l'eloquence à vn Roy, il ne faut pas
croire pour cela qu'vn si grand
Rhetoricien que luy, ait pe-
ché en cela contre la bien-sean-
ce. Il faut plustost estimer qu'il
met les loüanges de ce bel Art
en la bouche de la personne du

monde la plus releuée, tant pour l'authorifer & le mettre en credit par l'eftime qu'elle en fait, que pour frapper en paffant la barbarie des Gentils-hommes ignorans, qui penfent que ce foit déroger à No-bleffe de faire profeffion d'vne chofe dont les Alexandres, les Cefars, les Pompées, & les autres Autheurs de la vraye Nobleffe faifoient gloire. Car à confiderer, & à prendre d'autre biaiz, cet exorde on le jugeroit plus feant, & plus conuenable à la bouche de quelque Sophifte, ou de quelque Maiftre de Rhetorique, qu'à celle d'vn Prince. Enfuite de ce-

la il fait voir que la Monarchie est la plus parfaite & la
meilleure forme de gouuernement: qu'il possede son Royaume non comme vne chose vsur-
pée, mais comme vn juste &
legitime heritage qu'il a receu
de ses predecesseurs: & qu'il
le gouuerne auec toute la prudence, toute la moderation, &
toute la douceur qui luy est
possible. Or tout cela, à considerer le Roy Nicocle, ne tend
qu'à faire supporter aux Subjets auec patience & sans re-
gimber le joug de la Royauté,
en vn temps où le peuple estant
encore tout fraiz de la liberté
indocile, & reuéche au frein,

n'eſtoit pas bien accouſtumé à
la ſeruitude. Et à regarder
Iſocrate, qu'eſt-ce autre choſe
qu'vne loüäge diſſimulée qu'il
donne à ce Prince auec cet artifice qu'il ſemble n'auoir aucun deſſein de la luy donner.
Finalement, il leur monſtre ce
qu'ils doiuent faire & ne faire
pas, afin que de l'vnion du juſte commandement, & de la
parfaite obeiſſance naiſſe la felicité tant du Roy que du peuple, qui eſt la fin de la puiſſance ſouueraine. Car à parler
veritablement, qu'eſt-ce que
la Royauté & la ſubjetion?
ſinon vn Contract que le Prince & ſes Subjets paſſent con-

jointement *&* tacitement entr'eux comme à la face de Dieu
& de son Eglise. Le Prince
en prenant le Sceptre *&* la
Couronne, soit par droit de succeßion, soit en tiltre d'election,
s'oblige enuers ses Subjets de
les proteger; de les defendre de
toutes sortes d'injures , d'op-
preßions , *&* de violences ; de
leur rendre justice ; *&* de leur
procurer toutes sortes de biens,
de repos ,   *&* de prosperitez.
C'est pourquoy les Grecs, beaucoup plus raisonnables en cela
que les Romains , expriment
les fonctions, *&* les deuoirs de
leur charge par vn mot qui si-
gnifie base, ou support du

peuple. *Quant aux Subjets,* ils s'engagent enuers luy, de luy obeir en toutes choses justes *& raisonnables, de luy payer les tailles, les subsides, & tout ce qu'il leur impose tant pour l'entretenement de sa Maison, que pour la subsistance de ses armées ; & en vn mot, de mettre en cas de necessité, tous leurs biens, tout leur sang, & leurs vies mesmes pour la conseruation de sa personne, de son authorité, & de son Royaume.* Car tous les biens des Subjets, *comme dit le sage Isocrate,* appartiennent aux Princes justes & legitimes.

LE
SVBIET
D'ISOCRATE;
OV

LES DEVOIRS DES *Subjets enuers leur Prince.*

L y en a qui pen-
fans mal de l'elo-
quence ne ceffent
de parler mal de
ceux qui s'y adonnent, & difent que ce n'eft pas l'a-

mour de la Vertu, mais l'efperance du gain & de leur
aduancement qui leur en
fait embraſſer la profeſſion.
Pour moy, ie voudrois bien
ſçauoir de ces Barbares qui
ont ce ſentiment, & qui
tiennent ce langage d'vne
choſe ſi rare, ſi vtile, & ſi
glorieuſe, pourquoy ils blâment ceux qui s'eſtudient à
bien dire, & loüent ceux
qui s'appliquent à bien faire. Car s'il n'y a que le gain
qui leur fâche & leur faſſe
mal au cœur, nous trouue-
rons qu'il en vient beau-
coup plus ſans comparaiſon
des actions que des parolles.

Ioint qu'ils font bien fots, & bien impertinens, s'ils ne croyent pas que nous exerçons la pieté, la juftice, la temperance, & les autres Vertus, non afin que noftre condition foit pire que celle des autres, mais afin de la rēdre meilleure & plus heureufe. C'eft pourquoy il ne faut pas accufer ces aides hōneftes & vertueufes dont on fe fert pour s'auancer & s'enrichir ; mais pluftoft ceux qui en peruertiffent l'vfage, & qui tournent l'eloquence à la tromperie, & à la ruïne des autres. Ie m'eftonne donc que ceux qui

ont cette opinion, ne blâment aussi quant & quant
ou les richesses, ou la force,
ou la vaillance. Car s'ils en
veulent aux belles parolles,
pource que les méchans en
font vn art de mensonge &
de tromperie, il faut par
consequent qu'ils blâment
toutes les autres bonnes
choses: d'autant que parmy
ceux qui les possedent, il
s'en trouue toûjours qui ne
s'en seruent que pour faire
du mal. Que si quelqu'vn a
batu ceux qui se seront ren-
contrez au deuant de luy, il
ne faut pas pour cela accu-
ser la force, ny à cause des
meur-

meurtres condamner la vaillance, ny enfin transferer
aux choses le vice & la mé-
chanceté qui sont aux hommes. On les doit pluſtoſt
blâmer eux-meſmes, pour-
ce qu'ils vſent mal des bonnes choſes, & qu'ils ne crai-
gnent point de nuire à leurs
citoyens par les meſmes
moyens, dont ils leur de-
uroient & pourroient pro-
fiter: Ainſi, ſans faire cette
difference des choſes, & des
perſonnes, ils haïſſent indifferemment toute ſorte d'e-
loquence. En quoy ils ſe
trompent fort, ne s'auiſans
pas que par là ils ſe declarent

ennemis de la chofe du monde la plus vtile, & la plus fa-
lutaire au Genre humain.
Car les autres qualitez dont
la Nature nous a pourueus,
ne nous donnent point d'a-
uantage au deſſus des beſtes:
mais elles nous ſurpaſſent de
beaucoup ſoit en viſteſſe,
ſoit en force, ſoit en toutes
les autres facultez naturelles. Mais par cette vertu
qui eſt née auecque nous,
de nous pouuoir perſuader
les vns les autres, & de nous
communiquer reciproque-
ment nos penſées & nos volontez, nous auons non ſeulement abandonné cette vie

sauuage & brutale, mais encore apres nous estre assemblez, nous auons basty des villes, estably des loix, & inuenté des ars. Bref, la force du discours & du raisonnement a contribué à la plus grande partie de nos meilleurs projets, & de nos plus sages entreprises. C'est elle qui touchant les choses justes & injustes, les honnestes & les deshonnestes, a fait des loix si bonnes & si necessaires, que sans elles les hommes n'eussent jamais pû ny s'assembler, ny viure commodément les vns auecque les autres. C'est elle qui

nous apprend à blâmer les
méchans, & à loüer les personnes vertueuses; à instruire les ignorans, & à connoistre ceux qui ont de l'entendement & de la prudence.
Car le discours juste & veritable fait auecque grace,
à propos, & auec bien-sean-
ce, estant comme il est l'image d'vne ame fidelle, sage &
vertueuse, nous le prenons
pour vne grande marque de
bon sens, de bons sentimens
& de grand jugement. Par
son moyen, nous concer-
tons les choses qui sont contestées, cherchons celles qui
nous sont inconnuës, &

vſons en deliberant de nos propres affaires, des meſmes argumens par leſquels en haranguant nous perſua dons les autres. Tellement que nous appellõs eloquens ceux qui ſont capables de parler comm'il faut aux Aſ-ſemblées du peuple ; & te-nons pour prudens ceux qui aux deliberations ſçauent bien diſcourir, & iuger en eux-meſmes ce qui eſt plus expedient & plus profitable. Que s'il faut dire en peu de parolles ce qui eſt de l'excel-lence de cette faculté, nous trouueronsque rien de tout ce que la Raiſon peut inuen-

ter , ou conseiller , ne peut
estre persuadé, ny executé
sans son assistance. Desorte
que les plus prudens & les
plus sages se sont tousiours
seruis d'elle comme de la
guide , & de la directrice
de tous les desseins , & de
tous les ouurages.   Ceux
donc qui parlent mal & in-
dignement des Professeurs
de l'Eloquence, ne sont pas
moins criminels, ny moins
odieux , que ceux qui blas-
phement contre les Dieux
immortels , & qui propha-
nent leurs Temples.   Pour
moy , j'approuue tous les
discours qui apportent quel-

que vtilité pour petite qu'elle soit. Mais les plus beaux,
les plus dignes des Rois, les
plus conuenables à ma condition presente, & les plus
excellés de tous, sont à mon
jugement ceux qui traitent
des actions vertueuses, & de
l'administration des Repu-
bliques; qui enseignent aux
Princes comment il faut
gouuerner le Peuple, & aux
Subjets de quelle façon ils
se doiuēt comporter enuers
leurs Princes. Car tu vois
que ces enseignemens sont
les meilleurs moyens pour
rendre les villes & plus grandes & plus florissantes.

Or quant à la premiere
partie qui regarde les moyés
de bien regner, & de bien
gouuerner le peuple, vous
l'auez entenduë d Ifocrate:
pour l'autre qui concerne
les deuoirs des Subjets enuers leur Prince & les Magi-
ftrats, ie m'efforceray de
vous la déduire : non par
emulation, ou par enuie de
le furmonter en eloquence,
ce n'eſt pas chofe qui foit
digne d vn Roy : mais pour
ce qu'il m'eſt bien feant, &
principalement parlant à
vous, de difcourir de cette
matiere, & de vous faire cette remonſtrance. Car ſi ne

vous ayant point declaré les choſes, que ie deſire que vous faſſiez, vous contre-ueniez à mes volontez & à mes commandemens, ce ſeroit ſans raiſon que ie me facherois contre vous: Mais ſi apres vous auoir aduertis de ce que vous me deuez, vous ne faites rien de ce que ie vous auray commandé, ce ſera alors qu'auec juſte occaſion ie me pourray courroucer contre vous, & vous accuſer d'eſtre deſo-beïſſans & mal-traitables. Or ie croy que ce qui vous pourra le mieux encourager tant à retenir, qu'à vous fai-

re executer ce que ie vous
auray dit, fera, non fi apres
ne vous auoir fait que des
remonftrances, & ne vous
auoir dit que ce que j'ay pro-
pofé de vous dire mainte-
nãt, ie viẽs à me retirer, & à
prendre congé de vous: Mais
fi par bonnes & viues, rai-
fonsie vous monftre premierement que cette forte de
Republique, en laquelle
nous viuons prefentement,
n'eft pas feulement eftimable, pource qu'elle nous eft
neceffaire, & que nous auõs
de tout temps vefcu fous
elle: mais encore pource que
de toutes les formes de gou-

uernement, c'est la meilleure, & la plus excellente. Puis
si ie vous fais voir que ie ne
me suis pas emparé de cet
Estat par la force des armes;
mais que ie le tiens de mes
Predecesseurs, & de mon Pere par vne iuste & legitime
succession. Car cela estant
verifié, il n'y a personne
d'entre vous qui ne se con-
damne soy-mesme, & ne se
confesse digne d'vne tres-
grande punition, s'il n'obeit
à mes conseils & à mes commandemens.

Pour le regard donc des
Estats & des Gouuernemês
politiques (Car c'est par là

que j'ay commencé ma pro-
poſition) tous, ie penſe, de-
meureront en cela d'accord
auecque moy, que c'eſt vne
choſe tres-injuſte　que les
méchans & les gens de bien
ſoient également traitez: &
qu'il eſt　au contraire tres-
raiſonnable de garder en cela la droite raiſon, & de faire en ſorte　en faiſant difference des perſonnes, que celles qui ſont inégales en vertu, ne ſoient pas égales en
rang, & en dignité:　mais
que chacun ſoit employé
& honoré ſelon ſa ſuffiſance
& ſon merite.　Or les Oli-
garchies, & les Democra-

ties tendent principalement
à establir l'égalité entre
ceux qui viuent sous vne
mesme communauté de po-
lice: & ce qui est tenu pour
le plus beau, & le plus agreable en ces sortes de Repu-
bliques, c'est que l'vn n'ait
du tout rien plus que l'autre. Ce qui est fauorable
aux méchans mesmes. Mais
les Monarchies deferent le
premier rang à ceux qui
sont les premiers en merite,
le second à celuy qui vient
apres; le troisiesme & le qua-
triesme, & en suite tous les
autres selon ce mesme or-
dre & ce mesme reglement.

Que si la mesme police n'est obseruée & pratiquée par tout, si est-ce pourtãt qu'elle est telle en cette sorte de gouuernement. Si donc nous considerons le naturel & les affections des hommes, & leur demandons là dessus leurs aduis, il n'y a point de doute qu'ils n'opinent tous en faueur de la Monarchie, & n'auoüent que c'est le plus excellent, & le plus commode de tous les gouuernemens politiques. Car qui est l'homme de bon sens, & jaloux de son honneur, qui n'aimast mieux viure en vn Estat où sa vertu reconnuë

& honorée feroit comme en
fon jour, qu'en vn autre où
elle feroit cachée & incon-
nuë, & n'auroit aucun auã-
tage fur les perfonnes   de
neant ?   Nous deuons auffi
juger que la Monarchie eft
d'autant plus jufte, commode & fupportable, qu'il eft
plus aifé de fatisfaire au jugement, & de s'accommo-
der à la volonté d'vn feul,
que de plaire aux efprits diuers, incõftans & feditieux
d'vne multitude eftourdie
& ignorante..   Quoy que
cela fe pût monftrer par plufieurs autres raifons, ie penfe pourtant que les chofes

que ie viēs de dire, l'ōt assez
declaré, & mis en euidence.
Pour le regard du reste , il
nous sera bien aisé de voir
combien les Monarchies
sont plus propres & à deliberer, & à executer à poinct
nommé les desseins & les re-
solutions qu'on prend en
chaque occurrence, si com-
parant les vnes auecque les
autres, nous les examinons
attentiuement. Car en premier lieu, ceux qui n'exercent les charges, & les Ma-
gistratures, que pour vne
année, reuiennent à leur
condition priuée, deuant
que d'auoir acquis la con-
noissence

hoiſſance des affaires publiques, & que l'experience les
ait dreſſez, & appris à les manier. Mais ceux qui en ont
touſiours le maniment & la
ſur-intendance, quoy qu'ils
n'ayent ny l'eſprit, ny le jugement, ny les autres facultez naturelles en ſouuerain
degré: neantmoins la lon-
gue experience, qui eſt vne
grande Maiſtreſſe, les rend
auecque le temps plus ca-
pables, & plus habiles que
les autres. D'ailleurs, tandis
que ceux-là s'attendent les
vns aux autres, & s'entre-
regardent comme interdis,
ils negligent ſouuent des

choſes de conſequence, &
laiſſent perdre l'occaſion de
les faire. Ceux-cy au contraire ſçachans, comme ils
font, qu'ils doiuent conduire, & terminer toutes choſes, ils penſent ſoigneuſe-
ment à chacune en particulier, & ne laiſſent rien en ar-
riere, ny à deſirer en leur ad-
miniſtration. Qui plus eſt,
ceux qui commandent aux
Oligarchies, & aux Demo-
craties, y apportent ſouuẽt
de grands dommages, & y
ſuſcitent de cruelles guerres
ciuiles, tant par leurs jalou-
ſies, & par leurs haines particulieres, que par les con-

tentions ambitieuſes qui naiſſent des concurrences. Mais les Monarques n'ayans ny Concurrens, ny compagnons d'office, & nul par conſequent qui les trauerſe en leurs entrepriſes, & à qui ils puiſſent porter enuie, ſuiuent, & ordonnent en toutes affaires, autant qu'il eſt poſſible, ce qui eſt le meilleur, & le plus vtile. Et puis, ceux-là employans, comme ils ont couſtume de faire, la plus grande partie du temps en leurs affaires particulieres, negligent, & oublient ſouuent les publiques. Ioint qu'en leurs Aſ-

semblées, & en leurs con=
seils de ville, au lieu de parler & de deliberer des affaires de la Republique, vous
les trouuerez, ou s'entretenans de la Gazete,   ou se
gauſſans, ou se querellans
les vns les autres. Mais ceux-
cy, pource qu'ils n'ont ny
heure, ny aſſemblée à attendre, & qu'ils ont iour & nuit
l'eſprit occupé & tendu aux
affaires, ne laiſſent échaper
aucune occaſion, & font
chaque choſe à temps, & à
point nommé. D'autre part,
ceux-là s'entreportans enuie, & s'entre-haiſſans, comme ils font,   voudroient

qu'entre les Magiſtrats tant
ceux qui ont exercé , que
ceux qui exercent les charges publiques,s'en acquitaſ-
ſent mal , & à leur des-hon-
neur , afin qu'eux ſeuls en
euſſent tout l'honneur , &
toute la gloire. Mais les
Rois eſtans comm'ils ſont
durant leur vie, Seigneurs
& Gouuerneurs abſolus de
leur Royaume , ont pour
luy en tout temps la meſme
volonté , & la meſme bien-
veillance. Et ce qui eſt important, & conſiderable ſur
toutes choſes , c'eſt que les
vns ont ſoin de la Republique comme de leur bien

propre, de leur domaine, &
de leur famille; & que les
autres la gouuernent com-
me vne chose estrangere, &
qui n'est pas à eux. Que les
vns admettent au Conseil
les plus audacieux, & les
plus temeraires; & que les
autres n'y reçoiuent que les
plus prudens, & les plus sages. Que les vns donnent
les honneurs & les charges à
ceux qui sçauent bien ha-
ranguer deuant vne popu-
lace insolente; & que les autres esleuent & auancent
ceux qui sçauent le plus dextrement negotier, & traiter
les choses d'importance. Or

ce n'est pas seulement aux
affaires de la paix   qui sur-
uiennent journellement, &
aux occasions ordinaires ,
que les Monarchies sont pre-
ferables aux autres gouuernemens; elles le sont encore
quant aux commoditez de
faire la guerre.   Car pour
preparer vne armée, & pour
la faire marcher ou secrete-
ment, ou à découuert ; gai-
gner les vns par persuasions,
les autres par contrainte, les
autres par argent , les autres
par bons offices , & par recompenses ,   tout cela est
sans comparaison plus aisé
aux Monarchies, qu'aux au-

tres especes de gouuernemēt
politique. Dequoy les choses, & les exemples mesme,
aussi-bien que les paroles,
peuuent faire foy ,   & de-
monstration. Car nous sça-
uons tous que la puissance
des Perses ,   est deuenuë si
grande & si redoutable com-
m'ell'est à present, non par
la prudence, & par la valeur
des hommes ; mais pour a-
uoir rendu à leurs Rois le
respect, & l'obeissance qu'ils
leur deuoient naturellemēt.
Le mesme se void en la fortune de Denys le Tyran , lequel ayant trouué à son ad-
uenement, & tout le reste de

la Sicile defolé, & fa propre
patrie affiegée, la deliura
non feulement des perils
dont elle eftoit menacée,
mais la rendit auffi la plus
grande, & la plus floriffante
ville de la Grece. Quant
aux Carthaginois, & aux
Lacedemoniens, qui font
les mieux policez, les plus
exacts & les plus feueres de
tous les Grecs en l'admini-
ftration de leurs Republi-
ques, quoy que leur gouuernement foit Oligarchique;
fi eft-ce qu'ils font vn Roy,
& luy obeiffent en temps
de guerre. D'ailleurs, on
peut faire voir que la ville

d'Athenes, qui a toûjours esté ſur toutes les autres, ennemie de la Royauté, ne fait pas ſi bien ſes affaires quand pluſieurs Chefs commandent ſes armées, ſoit domeſtiques, ou eſtrangeres, que lorſqu'vn ſeul en a la conduite, & le gouuernement. En vn mot, comme vn vaiſſeau eſt beaucoup mieux conduit par vn ſeul, que par pluſieurs, qui s'empeſcheroient les vns les autres, au lieu de s'entr'aider : de meſme vn Eſtat eſt mieux gouuerné par vn ſeul, que par vne multitude d'hommes intereſſez, qui ont autant

d'opinions, que de passions
& de conuoitises à contenter. Comment donc pour-
roit-on prouuer, & mon-
strer plus clairement que par
ces preuues, & par ces exemples, que les Monarchies
doiuent estre preferées aux
Oligarchies, aux Democra-
ties, & à tous les autres
moyens que les hômes d'E-
stat puissent inuenter, pour
gouuerner les hommes? Car
il est tout visible que ceux
qui viuent tousiours sous
vne pure Royauté, sont toûjours les plus heureux, les
plus puissans, & le mieux
preparez à faire la guerre: Et

que ceux qui ont les Oligarchies le mieux reglées com-
mettent aux choſes de grande impoſtance, ou vn ſeul
General d'armée, ou vn Roy
auec vne puiſſance ſouue-
raine : Et qu'au reſte, ceux
qui haïſſent les Monarchies,
quand ils enuoyēt pluſieurs
Chefs aux expeditions de
guerre, auec pareil cōman-
dement, ne font ordinairement rien qui vaille, & rien
ne leur réuſſit heureuſemēt,
Que s'il faut rappeller icy la
memoire des choſes ancien-
nes, on dit que les Dieux
meſmes ont Iupiter pour
leur Roy. Si cette opinion

est veritable, il est manifeste
que les Dieux preferent aussi
à toute autre, cette forme de
Gouuernement : ou si per-
sonne n'en sçait la verité, &
que nous ne l'ayons tirée
que des conjectures, encore
est-ce vn témoignage que
tous les hommes ont donné
de tout temps le premier
rang, & la preferance à la
Monarchie. Car nousn'eus-
sions jamais dit que la Republique des Dieux eust esté
telle, si nous ne l'eussions
estimée la meilleure & la
plus excellente de toutes les
autres. Il n'est pas possible
de trouuer, ny de dire parti-

culierement tous les auan-
tages que les Polices ont les
vnes fur les autres : mais ce
qui en a efté dit iufques icy,
fuffira pour prouuer la verité de ma propofition.

Or il fera d'autant plus
facile de verifier fuccincte-
ment & en peu de paroles,
qu'à bon, & jufte tiltre ie
poffede cet Empire, que c'eft
vne chofe fceuë, & connuë
de tout le monde. Car qui
ne fçait que Teucer Autheur
de noftre race ayant emme-
né quant & foy les plus
grands, & les plus notables
de tous les autres Citoyens,
aborda en ce païs, & qu'a-

pres y auoir baſty vne ville,
partagea entr'eux tous les
champs, & tout le territoi-
re?   Il n'y a auſſi perſonne
qui   ignore qu'Euagoras
mon Pere s'expoſant à vne
infinité de perils reconquiſt
cette Principauté, que les
autres auoient perduë, &
mit les choſes en tel eſtat,
que les Pheniciens ne commandent plus maintenant
aux Salaminiens, & que les
reſnes de la Royauté ont eſté
remiſes entre les mains de
ceux, qui les tenoient dés le
commencement.   Il reſte
donc de ce que ie vous ay
propoſé à l'entrée de ce diſ-

cours, que ie vous die fuc-
cinctement quelque chofe
de moy-mefme. C'eft afin
que vous fçachiez que vo-
ftre Roy eft tel , que non
feulement en confiderarion
de fes Anceftres, mais auffi à
caufe de foy-mefme, il merite d'eftre éleué à vn plus
haut degré d'honneur & de
dignité que celuy où il eft
à prefent. Car ie penfe que
tous demeurent d'accord
que la Iuftice, & la Temperance font les plus excellentes de toutes les autres Vertus. C'eft d'autant que ce
n'eft pas feulement qu'elles
nous profitent d'elles-mefmes:

mes: Mais si nous voulons
considerer la nature, la force, & l'vsage des affaires,
nous trouuerons que celles
qui n'en ont eu aucune par-
ticipation, ont causé de tres-
grands malheurs, & que celles qui ont esté faites auec
justice & auec temperance,
ont esté grandement profitables à la vie des hommes.
Que si quelques-vns de mes
Predecesseurs ont esté loüez
& recommandez pour ces
vertus à la memoire des
hommes, ie pense qu'on ne
sçauroit sans injustice me
refuser la mesme loüange,
& la mesme recommanda-

tion.   Et premierement,
quant à la Iuftice, vous la
pourrez voir en fon plus
grand luftre au commence-
mēt de mon regne.   Car
ayant trouué à mon auene-
ment l'Espargne de cette
Couronne toute vuide, &
entierement épuifée, les affaires pleines de troubles, &
telles qu'elles auoient befoin d'vne diligence, d'vne
force, & d'vne dépenfe également grandes : fçachant
d'ailleurs que les autres ont
de couftume durant ce tēps-
là de pefcher, comme l'on
dit, en eau trouble, & de reparer les dommages de leurs

familles, & que la neceſſité
les contraint de faire pluſieurs choſes contre leur
propre mouuement: Neant-
moins, rien de tout cela ne
m'a pû corrompre, ny em-
pécher d'exercer cette charge royale auec tant de juſtice, & d'integrité, que ie ne
penſe pas auoir rien oublié
de tout ce qui pouuoit ſeruir à l'accroiſſement, au repos, & à la felicité de mon
Royaume. Car i'ay toû-
jours traité mes Subjets a-
uec tant de douceur, & de
moderation, que mon Re-
gne a toûjours eſté pur &
net de toutes ſortes de ban-

niſſemẽs, de meurtres, de
proſcriptions, de confiſca-
tions de bien, & d'autres
ſemblables calamitez. Et
d'autant qu'à cauſe de la
guerre, que nous auions faite, tous les paſſages de la
Grece nous eſtoient fermez,
& que nous eſtions volez
par tout où l'on nous ren-
controit, i'en ay pacifié la
plus grande partie. Payant
donc aux vns tout ce qui
leur eſtoit deu, aux autres
vne partie, aux autres de-
mandant terme, & compo-
ſant auec les autres de nos
differens le mieux qu'il m'a
eſté poſſible, i'ay apporté

cette seureté & cette paix à
mon Royaume. Outre cela,
les habitans de cette Isle,
estans irritez contre nous,
& le Roy de Perse reconci-
lié de parolle ; mais de cœur
& de volonté ennemy, ie les
ay tous regaignez & adou-
cis, cettui-cy par vne fran-
che protestation d'obeissance,   & ceux-là par des de-
monstrations d'equité & de
justice. Car ie suis si éloigné de conuoiter, & de vou-
loir vsurper le biē d'autruy,
que ie fais tout le contraire
des autres qui, lors qu'ils se
sentent tant soit peu plus
puissans que leurs voisins,

enjambent sur leurs limites,
leur rauissent vne partie de
leurs terres, & s'approprient
beaucoup de choses contre
tout droit & toute justice.
Moy au contraire, bien loin
de cela, ie n'ay pas voulu ac-
cepter vne Prouince qui
m'estoit offerte. Car j'aime
mieux tenir auec justice cette petite Principauté que
mes Peres m'ont laissée, qu'a-
pres en auoir vsurpé vne autre de beaucoup plus grande estenduë, la posseder in-
justement. Mais qu'est-il
besoin de m'arrester dauantage à déduire toutes les par-
ticularitez? veu principale-

ment que ie puis en peu de
mots éclaircir vn chacun
de mes actions & de mes de-
portemens. Car il ne se trouuera personne, qui puisse dire que ie luy aye fait quelque tort, ou quelque déplai-
sir.   Au contraire, i'ay fait
tant à mes Subjets, qu'aux
autres Grecs de plus grands
biens, & de plus grands presens, qu'aucun de mes Predecesseurs. Ie ne crains point
de dire cela à mon auantage, pource que ce n'est ny
vanité, ny presomption à
ceux qui veulent se rendre
recommandables par la Iu-
stice, & qui font profession

oüette de méprifer les richeffes, de publier d'eux-
mefmes les belles chofes
qu'ils ont faites.

Quant à ma temperance,
i'ay beaucoup plus de chofes à en dire, & beaucoup
plusgrandes, & plus loüa-
bles. Car fçachant que tous
les hommes communément
ont vne affection extréme-
ment tendre & pour leurs
Enfans, & pour leurs Fem-
mes, qu'ils font demefuré-
ment tranfportez de colere,
& d'animofité contre ceux
qui les violent, que ces ou-
trages ont apporté de gräds
mal-heurs, & caufé la ruine

tant des particuliers que des
Princes; j'ay toûjours tellement fuy les occasions de
tomber en ces crimes, que
depuis que ie suis Roy on
ne peut pas dire que j'aye jamais touché autre corps
que celuy de ma Femme.
Car quoy que ie sceusse
qu'on tienne communémēt
que c'est galanterie aux jeunes Princes de contenter en
cela leurs appetis où ils peuuent, pourueu qu'aux au-
tres choses ils ne fassent aucune injure, ny aucune violence à personne: Toutefois
ie me suis toûjours esloigné
le plus que j'ay pû, non seu-

lement de l'effet , mais auſſi
du ſoupçon meſme de ce crime ; tant afin de garder vne
fidelité inuiolable à celle à
qui ie l'auois voüée,qu'afin
auſſi que mes mœurs ſeruiſ-
ſent d exemple de chaſteté
& de continence à mes Subjets. A quoy ie me ſentois
d'autant plus obligé, que ie
ſçauois que le peuple ſe con-
forme ordinairement .aux
inclinations , & à la vie de
ſon Prince. , comme s'il
croyoit que tout ce qu'il
fait apres luy,eſt juſte,& au-
thoriſé par ſon exemple.
D'ailleurs, j'auois cette opinion qu'il falloit que les

Rois fuſſent d'autant plus
vertueux que les particu-
liers, que leur condition eſt
plus releuée que la leur, &
que c'eſtoit à eux vne grande injuſtice de contraindre
les autres de viure modeſte-
ment, & de ne ſe monſtrer
pas eux-meſmes plus mode-
ſtes que ceux auſquels ils
commandent.   Ie voyois
auſſi qu'ils s'en trouuoit parmy le peuple, qui viuoient
chaſtement, & que ſouuent
les hommes meſmes extra-
ordinaires ſe laiſſoient vaincre aux charmes de l'amour,
& aux plaiſirs des femmes.
C'eſt pourquoy i'ay voulu

faire voir que ie pouuois
donter vne chofe, dont la
victoire me fift mettre non
feulement au deffus des perfonnes communes, mais
auffi des plus excellentes, &
des plus celebres en vertu
dans l'opinion des hommes.
De forte que ie ne puis que
ie ne blâme fort ceux qui
ayans efpoufé des femmes,
& contracté auec elles vne
indiffoluble & perpetuelle
focieté de vie, ne leur tiennent pas ce qu'ils leur ont
promis, & juré folemnelle-
ment. Car tandis qu'ils
cherchent hors de leur maifon dequoy contenter leur

concupifcence, ils offenfent
honteufement celles , dont
ils ne voudroient pas fouf-
frir d'eftre offenfez en aucune chofe.   Ils font equitables aux autres contrats,
& ne font point de cōfcien-
ce de rompre , & de violer
celuy qu'ils ont fait auecque leurs femmes , & qu'ils
deuroient garder d'autant
plus religieufement , qu'il
eft plus faint, & plus intime
à l'Ame.   Ioint qu'ils ne
prennent pas garde que par
ces diffolutions ils fement,
& reçoiuent des diuorces &
des querelles jufques dans
leur lict, & dans leur cabi-

net. Or il faut que les Rois ayent foin de fomenter, & d'entretenir la paix non feulemēt aux villes où ils commandent, mais auffi en leurs propres Maifons, & en tous les lieux où ils font leur demeure. Car toutes ces chofes font effets de Iuftice, & de Temperance. Au demeurant, ie n'ay pas voulu en la procreation des enfans fuiure la couftume de la plufpart des Rois, ny eftimé qu'il falluft engendrer les vns d'vne femme de baffe condition, & les autres d'vne de grande naiffance. Ie n'ay pas voulu auffi laiffer les vns ba-

ſtards, & les autres legitimes : mais j'ay eu ſoin que
tous mes enfans euſſent vne
meſme extraction, & fuſſent
illuſtres tant du coſté du pere, que de la mere; & qu'entre les hommes ils puſſent
rapporter leur origine à
Euagoras mon Pere, entre
les Demy-dieux à Eacides,
& entre les Dieux à Iupiter,
afin qu'aucun de ceux qui
ſeroient ſortis de moy, ne fut
priué de cette nobleſſe. Pluſieurs conſiderations m'ont
fait perſeuerer conſtammēt
en ce train de vie: mais celle
qui m'y a le plus fortifié,
c'eſt que j'en voyois plu-

ſieurs qui tous méchans
qu'ils eſtoient, ne laiſſoient
pas d'auoir de la valeur, de
la prudence; & beaucoup
d'autres bonnes qualitez ;
Et qu'il n'y auoit que les
gens de bien qui poſſedaſ-
ſent la Iuſtice & la Temperance. I'ay donc creu que
ce ſeroit choſe tres-loüable
d'appliquer mon eſprit à
l'acquiſition de ces Vertus,
auſquelles les méchâs n'ont
point de part : & qui ſont
tres-belles, tres-ſolides, &
dignes de tres-grâdes loüanges. C'eſt pourquoy j'ay
tâché d'acquerir ſur toutes
les autres Vertus, la Iuſtice,
& la

& la Temperance ; & de les
pratiquer le plus foigneufe-
ment qu'il m'a efté poffible.
Quant aux Voluptez j'ay
fait élection, non de celles
qui n'ont d'elles-mefmes aucun rayon, ny aucun éclat
de vertu; mais de celles qu'õ
reçoit de la gloire des bonnes & vertueufes actions.
Or il ne faut pas porter vn
mefme jugement de toutes
les Vertus, ny les eftimer d'v-
ne mefme forte : mais on
doit plus prifer la Iuftice en
la pauureté: la modeftie en
l'authorité: la continence
en la jeuneffe. Pour moy,
j'ay donné durant tout mon

Regne beaucoup de preu-
ues de mes mœurs, & de mes
inclinations. Car ayant esté
laissé pauure,   & dénüé de
tous moyens, ie me suis tou-
jours monstré si juste & si
equitable enuers mes Sub-
jets, que ie n'ay jamais donné sujet à pas vn d'eux de se
plaindre, & de murmurer
contre moy. De sorte que
depuis le temps que j'ay eu
le pouuoir de faire tout ce
que j'ay voulu, il n'est point
de particulier de quelque
condition qu'il soit que ie
n'aye surmôté en modestie.
Et ce qui est remarquable,
c'est que i'ay fait toutes ces

choses en vn âge où la pluſpart ont couſtume de s'acquiter le plus mal de leur deuoir, & de ſe donner le plus
de licence. Ce qu'à la verité j'aurois honte de dire en
quelqu'autre Compagnie,
non que ie n'aime à tirer de
la gloire des bonnes choſes
que i'ay faites ; mais pource
que ie craindrois que celles
que ie vous ay dites ne trou-
uaſſent point ailleurs de la
creance. Quant à vous,
vous m'eſtes tous témoins
de tout ce que ie viens de
vous dire, tant pour vous
apprendre ce que vous de-
uez à voſtre Prince, que

pour vous inuiter à le luy
rendre, & à luy obeïr en toutes choses justes & raisonnables.   Or ceux-là me semblent dignes de loüange, &
d'admiration qui tiennent
leur modestie de la Nature:
mais beaucoup plus ceux
qui doiuent cette vertu à la
Raison & à la bonne nour-
riture. Car ceux qui exercent & pratiquent la Tem-
perance plustost par hazard,
que par election, sont sujets
à changer de mœurs; mais
ceux qui outre la bonté naturelle, ont encore vne fer-
me creance que le souuerain
bien consiste en la possession

de la Vertu, il n'y a point de doute qu'ils ne tiennent bon en la resolution qu'ils ont prise de l'aimer, & de la suiure eternellemènt.

Ie vous ay fait vn assez long discours & de moy-mesme, & de beaucoup d'autres choses, mais ç'a esté afin qu'aucun de vous ne pretendist aucune cause de s'excuser, & de se dispenser d'obeïr promptement & gayement à tous mes conseils, & à toutes mes ordonnances. Ie commande donc qu'vn chacun de vous fasse exactemèt & fidellement toutes choses en la charge, qui luy est commiſe. Car les ſuccez des affaires que vous y ferez, ſeront bons ou mauuais ſelon que vous les aurez bien ou mal conduites & maniées. Au reſte, ayez ſoin de mes affaires, non moins que des voſtres propres : & ne faites pas peu de cas des honneurs qu'on defere à ceux qui font bien celles de l'Eſtat, & qui me ſeruent fidellement. Abſtenez-vous du bien d'autruy, afin que vous poſſediez plus ſeurement, & plus paiſiblement les voſtres. Il faut que vous ſoyez tels enuers les autres, que vous deſirez que ie le

fois enuers vous. N'ayez
pas tant de paſſion de deue-
nir riches, que d'acquerir la
reputation de gens de bien.
Car vous ſçauez que les
plus celebres en vertu ſont
les plus grands en biens &
en richeſſes, non ſeulement
chez les Grecs, mais auſſi
parmy les Barbares. Eſtimez
que les gains injuſtes cau-
ſent de grands dangers, &
qu'ils n'augmentent point
les richeſſes. Ne penſez pas
que le receuoir ſoit toûjours
gain; & le donner ſoit toûjours perte & dommage.
Car ny l'vn, ny l'autre n'a
pas toûjours vn pareil effet:

mais celuy apportera du
profit, qui sera fait à temps,
& auec discretion. Ne faites rien à regret & à contre-
cœur de tout ce que ie vous
commanderay. Car mieux
qu'vn chacun de vous aura
fait mes affaires., mieux il
fera les siennes particulieres,
& plus il en tirera pour soy-
mesme du profit, & de l'a-
uantage. Que si quelqu'vn
d'entre vous couue quelque
mauuais dessein, ou quelque
malice en son cœur, qu'il
ne pense pas qu'elle me puisse estre cachée : mais qu'il
s'imagine que mon ame as-
siste à tout ce qui se fait,

bien que mon corps en foit
abfent.   Car fi vous auez
cette opinion , vous ferez
toutes chofes auec plus de
retenuë, de prudence, & de
circonfpection , comme fi
j'eftois toufiours prefent à
toutes vos penfées, à tous
vos difcours, & à toutes vos
actions. Ne cachez rien ou
de ce que vous poffedez, ou
de ce que vous faites, ou de
ce que vous aurez à faire.
Car vous fçauez que ce qui
fe fait   fecretement laiffe
toufiours apres foy la crainte & la frayeur.   Ne faites
rien finement & à cachetes
dans le maniment des affai-

res publiques: mais faites-
les toutes si sincerement, &
si ouuertement, qu'il ne soit
pas aisé de vous calomnier
à celuy mesme qui le vou-
droit faire. Esprouuez vos
actions comme à cette pierre de touche , qui est que
vous teniez pour mauuai-
ses celles que vous voudriez
m'estre inconnuës; & pour
bonnes celles qui vous feroient estimer de moy plus
gens de bien, apres qu'elles
m'auroient esté découuer-
tes. Ne me celez pas ceux
que vous verrez estre pernicieux à mon Estat; mais dé-
noncez-les si-tost que vous

les aurez découuerts ,   &
croyez que ceux qui cachēt
les crimes sont aussi punissa-
bles que ceux qui les com-
mettent. Tenez pour heu-
reux non ceux dont les crimes & les méchancetez sont
cachées ,   & dérobées à la
connoissance des hommes ;
mais ceux qui ne font rien
de mauuais , & qui merite
d'estre puny. Car il y a ap-
parence de croire que ceux-
là souffriront les peines qui
sont deuës à leurs crimes ; &
que ceux-cy recueilliront
de leurs bonnes actions les
fruits & les recompenses
qu'elles meritent. Ne faites

aucunes ligues, ny aucune aſſemblée ſans ma permiſ-ſion, d'autant que ces Caba-les & ces intelligences ſont auſſi prejudiciables aux Mo-narchies, qu'elles ſont bon-nes & vtiles aux autres Po-lices. Fuyez non ſeulement le vice meſme, mais auſſi toutes les occaſions qui en ſont ſuſpectes, & qui vous y peuuent faire tomber. Te-nez mon amitié pour la choſe du monde la plus fer-me, & la plus aſſeurée. Mais ſur tout aimez, & mainte-nez de toutes vos forces la forme de police en laquelle vous viuez, & n'en ſouhai-

tez point de nouuelle. Car
il ne se peut faire que les
troubles qu'apportent les
changemês, & les nouueau-
tez ne rüinent entierement
& les villes , & les maisons
particulieres Attribuez la
seuerité ou la douceur des
Princes non seulement à
leur naturel, mais aussi aux
mœurs de leurs Subjets. Car
plusieurs à cause de la mé-
chanceté des Citoyens, ont
esté contraints de regner
plus rigoureusement qu'ils
n'eussent voulu. Faites-
vous plus forts de vostre in-
nocéce, que de ma douceur:
& croyez que vous serez

d'autant plus en seureté &
hors de danger, que ie le seray moy-mesme. C'est d'autant que le bon estat de vos
affaires particulieres , n'est
qu'vn accessoire de celuy
des miennes. Quand les publiques se porteront bien
& seront heureuses, les vo-
stres aussi se ressentiront de
ce bon-heur. Il vous faut
estre grandement humbles
en mon endroit, perseuerer
constamment aux coustu-
mes du païs, & obseruer exactement les Loix Royales.
Soyez splendides & magni-
fiques aux choses qui con-
cernent l'ornement de vos

villes,& en celles où ie vous
commanderay de l'estre. Ex-
hortez & acheminez les jeunes gens à la Vertu, non seulement par le moyen des
preceptes, & des instructiõs,
mais aussi en leur monstrant
par vos actions quels doiuent estre les hommes. Ac-
coustumez vos Enfans à
bien obeïr à l'authorité
Royale, esleuez-les soigneusement dans ce deuoir, &
faites-en de bons Subjets.
Car s'ils ont appris à bien
obéir, ils se rendront plus
capables de commander.
Que s'ils sont justes & fidelles, ils participeront à tou-

tes nos fortunes, sinon ils
mettront en danger les leurs
propres. Croyez que vous
leur laisserez de tres-grandes
& tres-asseurées richesses, si
vous leur pouuez laisser nostre faueur & nostre bien-
veillance.   Iugez ceux-là
miserables & mal-heureux,
qui ont esté infidelles à ceux
qui auoient eu en eux vne
grande confiance.

Car ces traistres sont contraints mal-gré qu'ils en
ayent de passer le reste de
leur vie dans vne noire me-
lancolie, & dans vne crainte perpetuelle de toutes choses, & de se défier également
de

de leurs amis & de leurs ennemis. Estimez heureux &
contens, non ceux qui possedent de grands biens, &
de grandes richesses, mais
ceux qui ne se sentent cou-
pables d'aucun crime, ny
d'aucune mauuaise action.
Car la vraye joye n'estant
qu'vn rejalissement de la
bonne conscience, on ne
peut estre joyeux, & auoir
l'esprit content, si elle trouble son repos & sa tranquil-
lité par ses remords, & par
ses allarmes. Ne croyez pas
que le vice soit plus vtile,
& plus profitable que la
Vertu, & que le nom en soit

feulement plus defagrea-
ble: mais eftimez que la nature d'vne chofe eft telle,
que le fera le nom qu'on luy
aura donné. Ne portez
point d'enuie à ceux qui
font le plus auant dans nos
bonnes graces, & dans no-
ftre faueur: mais efforcez-
vous de les égaler, voire de
les furpaffer par voftre vertu, & par vos feruices. Aimez & honorez ceux que le
Roy aime, & auance, afin
que vous obteniez de luy
vne méfme fortune. Penfez
en mon abfence aux mef-
mes chofes que vous dites
en ma prefence. Témoi-

gnez l'affection que vous
auez pour moy, plus par les
effets, que par les paroles.
Ce que vous vous fâchez de
souffrir, gardez-vous de le
faire souffrir aux autres:
Et ce que vous des-approu-
uez de parole, ne mon-
strez point l'approuuer par
vos actions. Persuadez-
vous que vous serez traitez
conformément à la volon-
té que vous aurez pour
nous. Il ne faut pas se contenter de louer les gens de
bien: il les faut aussi imiter;
& témoigner par là que les
loüanges qu'on leur donne
viennent de la bouche & du

cœur tout ensemble. Te-
nez mes paroles pour des
Loix viuantes & animées,
& obseruez-les religieusement, sur cette asseuran-
ce que ceux qui feront le
mieux mes volōtez, auront
le plus de liberté de viure
comme ils voudront. Or le
principal poinct, & le plus
important de tout ce que ie
vous ay dit, c'est que vous
soyez tels enuers nostre E-
stat, que vous desirez que
soient enuers vous ceux
ausquels vous auez droit de
commander. Mais si vous
effectuez tout cela, & obéissez à tous les conseils que ie

vous ay donnez, qu'eſt-il
beſoin de vous particulari-
ſer les biens qui vous en re-
uiendront ? Car ſi ie regne
deſormais comme i'ay re-
gné juſques icy , & qu'en
meſme temps vous me ſer-
uiez côm'il faut, & me ren-
diez tout ce que vous me deuez, vous verrez bien-toſt
& vos familles, & vos villes,
& mon Royaume fleurir en
toutes ſortes de biens & de
proſperitez. Il ſeroit donc
raiſonnable de n'eſpargner
ny ſoin, ny peine, de ne re-
fuſer aucun trauail , & de
ne fuïr aucun danger pour
arriuer au comble de cette

felicité qui vous est propo-
sée.   Mais sans trauailler,
ny sans courir aucune fortune, vous y pourrez facilement paruenir , pourueu
seulement que vous soyez
equitables, fidelles, & obéis-
sans à vostre Prince.

F I N.

A MONSIEVR
DE CAMPAGNO,
Seigneur de Huiſſan.

ONSIEVR,

L'aſſeurance que j'ay don-
née à ce Gentilhomme Athe-
nien, que vous eſtiez un des
plus courtois, des plus vaillans,
& des plus accomplis Gentils-
hommes de France, luy a fait

desirer que ie le misse sous la
protection sinon de voftre efpée,
au moins de voftre faueur. Il
a creu auoir droit d'exiger de
moy cette seconde courtoisie en
vertu de la premiere que ie luy
ay faite de luy seruir de tru-
chement, & de le faire connoistre familierement à ceux qui
ne le connoissoient que de nom,
& à ses liurées. Et quand il
ne l'euft pas exigée de luy-mef-
me, comme il a fait, vos belles
qualitez, l'affection particuliere dont vous m'auez honoré
depuis voftre enfance, & les
grands rapports que ie vois de
vous à luy ne m'auroient que
trop obligé à la luy accorder.

Ioint que ie ne pouuois la luy refuser sans faire violence à cette forte inclination de la Nature qui porte chaque chose à aimer son semblable. Car en la luy accordant, & par consequent en vous le presentant comme ie fais, que pensez-vous, MONSIEVR, que ie fasse? I'offre l'idée d'vne belle chose à son effet mesme: vne instruction morale a vn parfait Patron de Vertu, & de Noblesse: vn Gentilhomme pacifique & imaginaire, à vn Gentilhomme guerrier & veritable. L'vn nasquit dans vne Maison qui fut appellée la boutique de l'Eloquence:

l'autre dans vne famille où
cette puiſſante Reine, où l'honneur, les bonnes mœurs, la courtoiſie, & toutes les autres vertus ſont comme en leur Cercle,
& en leur Element. L'vn fut
eſleué à l'ombre, & dans le
calme de la ſolitude : l'autre
ſous l'aiſle d'vne excellente
Mere, parmy les bazards de
la guerre, & ſous la diſcipline
tant domeſtique, que militaire d'vn des plus magnanimes,
& des plus grands Princes de
l'Egliſe. Et comme l'vn de
Grec qu'il eſtoit ; eſt deuenu
François entre mes mains :
j'ay eu auſſi le bon-heur d'auoir
veu croiſtre l'autre en âge, en

sageße, en generosité, & en
toutes les autres qualitez, dignes des personnes de sa condition. Ie ne suis, MONSIEVR,
my deuin, ny faiseur d'Horos-
copes ; mais si la Prudence est,
au jugement d'vn Ancien, vne
espece de deuination, ie puis
dire auec verité, que tout ce
que vous auez fait de beau &
de loüable, depuis que vous
estes capable de faire le plus
glorieux de tous les métiers,
est l'accomplißement des bons
presages que ie fis de vous dés
voftre plus tendre jeuneße. Le
Piedmont, l'Artois, Arras,
& particulierement Aire, font
autant de témoins illuftres, &

autentiques, qui parlent en
faueur de mes augures, auſſi-
bien que de voſtre courage.
Car voſtre condition ne ſouf-
froit pas que les belles preuues
que vous en donnâtes, & les
glorieuſes marques que vous
en remportâtes ſur voſtre corps
y fuſſent cachées aux yeux
d'vne armée Royale. C'eſt là,
MONSIEVR, qu'en faiſant
tout deuoir d'excellent & genereux Caualier, vous faillites
à perdre ce que Monſieur voſtre Pere perdit deuant Mon-
tauban, en la fleur de ſon âge,
& dans les fonctions de Capi-
taine au Regiment des Gar-
des de ſa Majeſté. Là, autan

dis qu'au siege de cette ville
rebelle, ce vaillant homme
combatoit courageusement à
la teste de sa Compagnie, vous
pleuriez dans le berceau; &
si comme Hercule vous n'y
estouffiez des serpens, vous
faisiez du moins augurer que
vous aideriez un jour à ex-
terminer les ennemis de la
France. Mais que diray-ie
de ceux d'Aire, & de la bles-
seure que vous y receûtes, lors
qu'auec les Compagnons de
vostre valeur, vous estiez a-
pres à les repousser? Il ne faudroit pas connoistre l'humeur
des Gentilshommes amoureux
de la vraye gloire, pour ne pas

croire que vous prîtes ce coup
de mousquet pour vne faueur
de la Fortune. Cette vertueuse & incomparable Damoi-
selle que vous sçauez, & que
ie puis appeller sans idolâtrie
vne Deesse visible, la connois-
soit aussi-bien que moy. Il n'en
faut point d'autre preuue que
la belle Lettre qu'elle vous escriuit, & qu'vn de nos meilleurs Esprits à jugée digne de
la Compagnie de telles des
Dames qu'il a publiées. Ces
charmantes parolles qui estoiët
dans ce cher gage de son affection, comme des lenitifs &
des appareils que ses belles
mains appliquoient à vostre

playe, font assez juger qu'elle
ne luy donnoit pas une inter-
pretation plus favorable. Elles
témoignent aussi que celles de
son merite & de sa naissance,
n'ont pas moins d'amour pour
la valeur, que pour la beauté ;
ny moins d'estime pour les qualitez du cœur, que pour celles
de l'esprit. Et afin que toute
la France les sçache aussi-bien
que nous, les voicy telles, que
son bel esprit les conceut, & que
sa plume delicate les escriuit,
si-tost qu'elle eust appris de moy
cette fâcheuse nouuelle. Quelque mine, disoit-elle, que
vous fassiez au razoir & à la

main qui vous pense, ie suis
asseurée que vous n'estes pas
faché qu'vn peu de mal vous
ait acquis beaucoup de gloire, & d'auoir perdu vn peu
de sang dans le dessein que
vous auiez de le répandre
tout pour le seruice du Roy
vostre Maistre. Pour moy,
quoy que ie sois d'vne profession qui ne fait, comme dit
Monsieur vostre Oncle, ny
veuue, ny orphelin, & qui n'est
ny redoutable, ny dangereuse
comme la vostre : neantmoins
ie ne craindrois point, si l'occasion s'en presentoit, de perdre
tout le mien pour sauuer le vostre.

stre. Il est bien croyable que
ce que la partie animale, &
l'esperance d'vn chetif gain
font sacrifier à vn simple sol-
dat ; l'Intellectuelle, l'amour,
& l'estime le feroient franchement deuoüer à vn homme, à
qui si les bonnes Lettres n'ont
donné dequoy paser, elles luy
ont du moins appris à bien deuoir. Ouy asseurément, ces
trois puissans aiguillons luy
feroient faire ce bel acte de
reconnoissance , tant pour
s'acquiter des obligations qu'il
a à ceux de vostre Maison,
& sur tous à celuy, qui en est
comme le Soleil ; que pour

P

vous tesmoigner auec quel reſpect il vous honore, & auec quelle paſsion il eſt,

MONSIEVR,

Voſtre tres-humble & tres-obeïſſant ſeruiteur,

DVBRETON.

ARGVMENT.

E Gentilhomme de-
uoit marcher le premier
selon l'ordre de la Mo-
rale, d'autant que son premier
office est d'apprendre la Vertu
à l'hõme, & de le regler entant
qu'animal sociable, Enfant
de Famille, & Membre de
Republique. Mais les droits
de la dignité, & de la présean-
ce luy ont ordonné d'aller
apres le Prince, & le Subjet. Ie
crois qu'il ne s'offensera pas de
ce rang, s'il considere que le
mot de Subjet est vn mot qui
embrasse les Princes, les Seigneurs, les Gentilshommes, les.

Roturiers, les Maiſtres, les
Valets, & generalement tous
cẽux qui releuent de l Authorité Souueraine.

Or le but d'Iſocrate en ce Traité, c'eſt dè dreſſer à la Vertu, &
d'exhorter aux belles actions
les jeunes gens de la condition
de ſon Demonicus. C'eſt afin
qu'ils puiſſent viure non ſeulement auec plaiſir, mais auſſi
auec honneur dans le monde,
& qu'ils tirent pluſtoſt leur nobleſſe, & leur gloire de leurs
vertus perſõnelles, que de celles
de leurs Anceſtres, qui ne ſont
en eux que ce que la lumiere du
Soleil, eſt au corps de la Lune,
ou dans le criſtal d'vn miroir.

LE
GENTIL-HOMME
D'ISOCRATE;

OV

*Aduis donnnez à Demonicus,
jeune Gentil-homme
Athenien, pour sa
conduite.*

Ovs sçauez, *mon* cher *Demonicus*, combien la façon de viure des gens de bien est differente de celle des méchans,

Mais vous sçauez aussi que
de toutes les choses qui nous
font le mieux connoistre
cette difference, c'est la conuersation familiere , & le
commerce que la societé ciuile les contraint d'auoir les
vns auecque les autres. Car
les méchans, comme si toute leur amitié n'estoit que
dans les yeux, ne font cas de
leurs amis, & ne les cherissent que quand ils les voyēt.
Les Vertueux au contraire
gardans cherement les leurs
dans le cœur, & dans la memoire , ne laissent pas de les
aimer , & de s'en souuenir,
quoy que les fleuues & les

mōtagnes les separent d'eux.
Ioint que les affections des
méchans periſſent en peu de
temps : mais quant à celles
des gens de bien, elles durent
eternellement.   Croyant
donc que les amoureux de
la gloire, & des belles Lettres,   ſe doiuent propoſer,
non les méchans,   mais les
perſonnes vertueuſes pour
objets de leur imitation, ie
vous ay voulu enuoyer &
faire vn preſent de cette inſtruction, que ie vous prie
de receuoir & comme vn
gage de l'affection que j'ay
pour vous,& comme vn té-
moignage de celle que j'ay

cuë pour Hipponicus. Car les enfans doiuent heriter de l'amitié, comme ils heritent des biens de leurs peres. Or ie voy qu'en cela & la Fortune, & le Temps tout ensemble nous sont fauorables. Car vous desirez d'estre instruit, & moy ie prens plaisir à instruire les autres: Vous vacquez encore à l'estude de la Sagesse, & moy ie fais profession d'en monstrer le chemin à ceux qui en sont amoureux. I'auouë bien que le dessein de ceux qui enuoyent à leurs amis des exhortations, est fort honneste, & fort louable: mais il faut auſſi auoüer qu'ils laiſſent ce qui eſt de meilleur & de plus excellent en l'eſtu- de de la Sageſſe. Quant à ceux qui enſeignent aux jeunes gens,   non l'art de bien dire, mais la ſcience des mœurs, ie trouue qu'ils leur profitent d'autant plus, que les vns ne leur apprennent que des parolles, & les au- tres corrigent leurs mau- uaiſes mœurs. C'eſt pour- quoy ſans vſer enuers vous d'aucune exhortation, mais de quelques preceptes, j'ay fait deſſein de vous preſcrire ce que les jeunes gens doi- uent deſirer, ce qu'ils doi-

uent fuïr, auec quels hommes ils doiuent conuerſer,
& de quelle façon ils doiuent dreſſer & regler leur
vïe. Car ceux qui ſont entrez comme dans ce chemin
de la vie, ſont les ſeuls à la
verité qui ont pû acquerir
la vraye Vertu, qui eſt la
poſſeſſion du monde la plus
éclatante & la plus aſſeuréc.
Car quant à la beauté, ou
le temps l'emporte, ou la
maladie la flaiſtrit: & pour
les richeſſes ſeruans, com-
m' elles ſont, & de matiere
à la faineantiſe, & d'amor-
ces à la jeuneſſe pour l'atti-
rer aux voluptez, elles ſont

pluftoft inftrumens du vice
que de la Vertu.   Pour le
regard de la force du corps,
elle profite veritablement
quand elle   eft jointe à la
prudence: mais fans cette
Vertu, elle nuit le plus fou-
uent à ceux qui l'ont. Comme elle apporte quelque ornement aux corps des Athletes, elle obfcurcit auffi la lumiere de l'entendement , &
s'oppofe ainfi qu'vn nüage
à la guerifon des maladies
de l'efprit.   Mais la Vertu
plus vtile que la Nobleffe,&
plus excellente que les biens
de la Fortune,   ayant vne
fois pris racine dans l'ame,

& s'eſtant accreuë auecque
l'âge de ceux qui la poſſe-
dent, eſt la ſeule choſe qui
ne les abandonne point en
la vieilleſſe. Car elle rend
poſſible ce qui eſt impoſſible
aux autres: elle ſupporte a-
uec grand courage ce qui
ſemble épouuentable au
vulgaire; & tient l'oiſiueté
à grand blâme, & le trauail
à grande loüange. Les fa-
meux combats d'Hercule,
& les beaux faits de Theſée
peuuent rendre de cela vn
illuſtre témoignage. Leurs
mœurs & leurs actions dreſ-
ſées ſur la regle de la Vertu,
ont graué tant d'honneur

& de gloire sur les choses
qu'ils ont faites,   que le
temps ne pourra jamais les
effacer de la memoire   des
hommes. Si vous rapellez
dans la vostre la glorieuse
vie, & les belles actions de
vostre Pere, vous pourrez
trouuer dans voftre maison
vn excellent exemple   des
choses que ie vous escris.
Car il n'a pas vescu de telle
sorte, qu'il ait méprisé les
exercices de la Vertu,&qu'il
se soit adonné à l'oisiueté &
à la molesse. Au contraire,
il a tousiours exercé   son
corps & son ame pour les
accoustumer,l'vn à suppor-

ter les fatigues, & l'autre à
méprifer les dangers. Il n'a
pas démefurément aimé ny
defiré les richeffes : mais il
jouiffoit des fruits de fes
biens comme mortel, & en
ménageoit le fons comme
immortel.   Il n'eftoit ny
mefquin, ny fordide; mais
fplendide, magnifique, bien-
faifant , & officieux à fes
amis. Il les aimoit auecque
tendreffe, & faifoit toûjours
plus de cas de ceux qui luy
eftoient affectionnez , que
de ceux qui luy eftoient
proches. Car il eftimoit que
pour faire vne vraye amitié,
la Nature auoit beaucoup

plus de force que la Loy ; les
mœurs, que le sang ; la liberté & l'election, que la contrainte.   Il n'est point de
temps qui ne fut trop court,
si nous voulions faire le dé-
nombrement de toutes ses
actions vertueuses. Ce sera
à vne autre occasion que
nous les mettrons plus soigneusement, & plus ample-
ment en euidence. Pour cette heure nous nous conten-
terons de vous auoir proposé comme vne peinture de
son naturel , sur laquelle il
faut que vous tiriez vostre
vie comme sur vn parfait
patron de vertu: afin que ses

mœurs vous tenant lieu de
loix & de preceptes de bien
viure ; vous les imitiez., &
les ayez en admiration. Car
les peintres estans curieux,
comme ils font ; de repre-
senter au vif les beautez des
animaux, ce seroit vne honte que les enfans ne fussent
point soigneux d'imiter les
vertus, & les qualitez excellentes de leurs peres. C'est
pourquoy ayez cette opi-
nion qu'il n'est pas si necessaire à vn Athlete de s'exercer contre son aduersaire,
qu'il l'est à vous de tâcher
d'acquerir en ce combat
vne loüange égale à celle

de voftre Pere. Or il n'eft
pas poffible qu'aucun puiffe
auoir à cela de la difpofi-
tion, s'il n'a eu foin de remplir fon efprit de plufieurs
beaux preceptes. Car com-
me les exercices moderez
fortifient le corps : de mefme la connoiffance des chofes honeftes nourrit & aug-
mente l'entendement. Ié
m'efforceray donc de vous
dire fuccinctemét par quels
moyens ie croiray que vous
pourrez faire de grands pro-
grez en la Vertu, vous rendre honnefte homme, &
vous faire eftimer de tout le
monde.

Q

Premierement , seruez
religieusement les Dieux
Immortels , non seulement
en leur faisant des sacrifices,
mais aussi en gardant inuiolablement les sermens que
vous ferez. Car l'vn est signe
de grande abondance de
biens, & l'autre d'vne grande integrité de mœurs & de
vie. Reuerez , & adorez-les
tousiours auec grande hu-
milité; mais principalement
au culte & aux sacrifices publics & solemnels qu'on
leur fait; afin de faire voir
par là que vous sacrifiez aux
Dieux,& que vous obeïssez
aux Loix tout ensemble.

Monftrez-vous tel à l'endroit de vos parens, que vous defireriez, que vos enfans fe monftraffent enuers vous.

Quant aux exercices du corps, prenez ceux qui conferuent la fanté, & non pas ceux qui augmentent la force. Ce que vous obtiendrez facilement, fi pouuant encore trauailler, vous laiffez le trauail.

N'aimez point vn rire indifcret & demefuré, ny vne parole fiere & audacieufe: car l'vn & l'autre tiennent également de la folie.

Ne penfez pas que les chofes deshonneftes & lai-

des à faire, ſoient honneſtes
& belles à dire.

Accouſtumez-vous d'a-
uoir non vn viſage renfron-
gné, mais doux, modeſte, &
ſeuere. Car l'vn vous fera
paſſer pour vn presõptueux,
& pour vn inſolent : & l'autre, pour vn homme ſage &
bien aüiſé.

Eſtimez que les plus beaux
ornemens que vous ſçau-
riez auoir, ſont la Modeſtie,
la Pudeur, la Iuſtice, la Temperance. Car ce ſont les
principales Vertus qui en-
trent en la compoſition du
Chef-d'œuure de la Morale,
qui eſt l'honneſte homme.

S'il vous arriue par mal-
heur de faire quelque chose
de sale & de honteux, n'es-
perez pas de le pouuoir cacher. Car quand bien vous
le pourriez celer aux autres,
vous vous le reprocherez
tousiours à vous-mesme, &
en sentirez le remors en vo-
stré conscience.

Craignez Dieu: honorez
vos parens; respectez vos a-
mis; obéissez aux Loix.

Entre les plaisirs & les voluptez, ne suiuez que celles
qui vous peuuent donner
de la gloire. Car la Volupté jointe à la Vertu est vne
chose tres-bonne & tres-

mauuaiſe, ſi elle eſt accompagnée du Vice.

Sauuez-vous autant que vous pourrez des diſcours des mauuaiſes langues, voire meſme des calomnies. Car le peuple ne ſçachant pas la verité, & ne prenant pas le ſoin de s'en informer, a touſiours couſtume de juger des choſes par l'opinion, & par le bruit commun.

Faites toutes choſes, comme ſi vous en vouliez donner connoiſſance à tout le monde. Car quoy que vous puiſſiez cacher pour vn temps quelque choſe, toſt ou tard neantmoins le temps la découurira.

Vous acquerrez vne bonne reputation, si vous fuyez de faire ce que vous blâmeriez les autres d'auoir fait.

Vous apprendrez beaucoup, si vous apprenez auec grande affection , & auec grande auidité de sçauoir. Conseruez ce que vous auez appris, en le faisant souuent repasser par voſtre memoire; & acquerez ce que vous ne sçauez pas par la connoiſſance des Arts. Car de ne point apprendre quelque sage & vtile discours qu'on auroit oüy , & de refuser quelque preſent d'vn amy, c'eſt vne choſe également honteuſe.

Employez tout le loiſir que vous aurez à oüir les doctes diſcours, & les belles conferences qui ſe feront aux Academies. Car par là vous apprendrez facilement ce que les autres ont appris auec beaucoup de peine. Croyez qu'il vaut mieux auoir fait vn grand amas de ſciences que d'argent : veu que l'vn nous laiſſe bientoſt, & que l'autre ne nous abandonne jamais, & que la Sageſſe eſt la ſeule de toutes les poſſeſſions qui eſt eternelle. Ne tenez point à couruée

de faire vn long voyage
pour aller vers ceux qui font
profeſſion d'enſeigner quel--
que choſe d'excellent, & de
profitable. Car puiſque le
deſir de l'argent fait trauer-
ſer aux Marchans tant de
mers, & d'vne ſi longue é-
tenduë, ce ſeroit vne honte
que l'amour de la Science ne
fit pas entreprendre aux jeunes gens vn voyage par terre beaucoup moins dange-
reux.

Ayez de l'affabilité en
vos mœurs, & de l'vrbanité
en vos parolles. L'affabilité
giſt à ſaluër ciuilement ſes
amis à leur rencontre : &

l'vrbanité à les appeller
courtoisement & de bonne
grace. Pratiquez cette Vertu charmante enuers tous,
& ne frequentez familierement que les gens de bien.
Ainſi vous vous ferez aimer
des vns, & ne vous ferez
point haïr des autres. Quant
aux entretiens, ne les faites
pas ſouuent aux mémes perſonnes, ny fort longs des
mémes choſes. Car à la fin
on ſe laſſe & ſe dégouſte mé-
me des meilleures.

Entreprenez de vous-
meſme, & de voſtre propre
mouuement de choſes peni-
bles, afin que vous les puiſ-

siez supporter, quand la necessité vous contraindra de
les entreprendre.

Rendez-vous maistre de
toutes les choses, dont il est
honteux que l ame soit mai-
trisée, comme du gain, de la
colere, de la volupté, de la
douleur. Vous acquerrez
vn   empire absolu sur ces
passions, si vous tenez à gain
les choses qui augmentent
la gloire, & non pas les richesses : si vous vous mon-
strez tel à l'endroit de ceux
qui vous offensent, que vous
voudriez que se monstras-
sent enuers vous ceux que
vous offensez : si vous esti-

mez que c'eſt vne choſe
honteuſe de commander à
ſes valets, & de viure ſerui-
lement ſous le joug des voluptez: ſi conſiderant les infortunes & les miſeres d'autruy vous vous ſouuenez
que vous eſtes homme.

Ayant donné voſtre pa-
rolle en gage, ſoyez plus
ſoigneux & plus religieux
de la garder, que toute autre ſorte de gages. Car il
faut qu'vn homme de bien
ſe monſtre tel, qu'on ſe fie
plus à ſa probité, qu'à ſon
ſerment.

Croyez qu'il faut égale-
ment ſe défier des meſchans,

& se fier aux gens de bien.
Ne fiez voſtre secret à perſonne, ſi ceux à qui vous en
ferez part n'ont autant d'in-
tereſt à le taire, que vous-
meſme.

Iurez pour deux occa-
ſions ſeulement, ſi vous y
eſtes contraint ; pour vous
purger de quelque fauſſe ac-
cuſation, & pour ſauuer vos
amis de quelque danger.
Mais que le deſir de l'argent
ne vous faſſe jamais jurer
par aucun des Dieux, quand
meſme vous le pourriez faire auecque raiſon, de peur
que vous ne paſſiez pour vn
parjure dans l'opinion des

vns, & pour vn auare dans
celle des autres.

Ne faites amitié auecque
perſonne, que vous ne vous
ſoyez auparauant bien in-
formé comment il s'eſt gouuerné auec ſes premiers
amis. Car vous deuez eſpe-
rer qu'il ſera tel en voſtre
endroit, qu'il aura eſté enuers les autres.

Ne ſoyez pas ſoudain à
contracter des amitiez, &
apres les auoir contractées,
gardez les inuiolablement.
Car il n'eſt pas moins honteux de changer ſouuent
d'amis, que de n'en auoir
point du tout. Et quoy qu'il

faille que vous soyez cu-
rieux de connoistre les vo-
stres, vous ne deuez pas toutefois les esprouuer à leurs
despens: Vous les pourrez
assez esprouuer si n'estant
point necessiteux, vous faites semblant   de   l'estre.
Communiquez   leur   les
choses qui se peuuent dire
sans vous faire tort, comme
desirant qu'elles soient te-
nuës secretes: car si vous ne
les trouuez fidelles ,   vous
n'en receurez aucun dom-
mage , & si vous les trouuez
tels que vous les desirez,
vous serez entierement es-
claircy de leurs mœurs , &

de leur fidelité.

Iugez des amis par la part qu'ils prennent des perils, & des infortunes de ceux qu'ils font profeſſion d'aimer. Car comme l'on eſprouue l'or au feu, l'on connoiſt auſſi les amis dans l'aduerſité.

Vous traiterez vos amis comme vous deuez, & vous monſtrerez vrayement genereux en leur endroit, ſi ſans attendre qu'ils inuoquent en leur beſoin voſtre courtoiſie, vous venez de vous-meſme à leur ſecours, & preuenez leurs demandes, pour obuier à la honte qu'ils

pour-

pourroient auoir de vous
les faire.

Tenez pour vos amis ceux
qui non seulement s'afflige-
ront de vos maux; mais qui
ne porterôt point aussi d'enuie aux biens qui vous arriuent. Car il s'en void beaucoup qui compatissent bien
aux aduersités de leurs amis;
mais qui sont jaloux de
leurs prosperités.

Parlés de telle sorte de vos
amis absens en la presence
des autres; qu'ils connois-
sent   que vous n'estes pas
homme à les oublier, & à
les mespriser en leur absen-
ce:

R

Aimés en vos habits l'or-
nement, & non pas le luxe:
car l'ornement tient de la
magnificence, & le luxe de
l'excés, & de la vanité.

Bornés le desir des richesses, non à vne vaste possession de biens, mais à vn re-
uenu mediocre, & suffisant.
Mesprisés ceux qui trauail-
lent incessamment pour en
acquerir, & ne sçauent pas
vser de celles qu'ils ont ac-
quises. Car il leur arriue
presque le mesme qu'à celuy
qui auroit acheté vn beau
cheual de manége sans sçauoir l'art de le manier, & de
s'en seruir.

Faites en sorte d'auoir les richesses & en possession & en vsage tout ensemble. Ceux-là les ont en possession qui en sçauent vser, & en vsage ceux qui les sçauent posseder.

Faites grand cas de vos biens pour ces deux raisons, afin de pouuoir supporter quelque grande perte, & d'auoir dequoy assister quelque bon amy en son affliction. Pour les autres choses qui regardent la vie, aimez-les moderement, & non pas démesurement. Contentez-vous de vostre fortune presente, & ne laissez pas toute-

fois d'en chercher vne meilleure.

Ne reprochez à perſonne
ſon aduerſité : car la fortune eſt commune , & les choſes futures ne peuuent eſtre
préueuës.

Soyez bien-faiſant & of-
ficieux enuers les gens de
bien. Car vn plaiſir fait à
vn homme d honneur eſt vn
threſor ineſtimable. Au
contraire, faire du bien aux
méchans, c'eſt comme nour-
rir des chiens eſtrangers.
Car comme les chiens a-
bayent auſſi-toſt côtre ceux
qui leur auront donné, que
contre ceux qui les auront

batus:de mesme les méchãs,
& les ingrats offenſent égale-
lement & ceux qui leur profitent , & ceux qui leur nui-
ſent.

Ne haïſſez pas moins les
Calomniateurs,que les Im-
poſteurs. Car les vns& les
autres trahiſſent également
ceux qui ſe fient à eux.

Si vous preſtez l'oreille à
ceux qui applaudiſſent à vos
mauuaiſes actions , vous ne
trouuerez jamais perſonne
qui veuille vous exhorter à
en faire de bonnes aux deſ-
pens de voſtre amitié.

Receuez ceux qui vous
viennent voir auec beau-

coup de ciuilité & de courtoisie, & non pas auec vne
contenance fiere, & dédai-
gneufe. Car les valets mefmes ne fupportent qu'auecque peine en leurs Maiftres
la fierté & l'arrogance: mais
la ciuilité eft agreable à tout
le monde. Or les deuoirs de
cette Vertu font de n'eftre
ny pointilleux, ny bizarre,
ny contredifant. De ne pas
refifter afprement à la colere de fes amis, quoy qu'elle
foit déraifonnable : mais de
leur ceder tandis qu'elle du-
re, & de les reprendre douce-
ment apres qu'elle leur fera
paffée. De ne point eftre fe-

rieux quand il faut railler,
ny railler quand il faut estre
ferieux. Car tout ce qui fe
fait hors de faifon defplaift
& ennuye. De reconnoiftre
de bonne grace les plaifirs
qu'on a receus.   En quoy
plufieurs faillent, qui mefme en rendant à leurs amis
ce qu'ils leur doiuent, ne le
rendent pas agreablement.
De ne fe point plaindre à
tout propos des vns & des
autres: car cela eft odieux.
Et enfin, de n'eftre point en-
clin à blâmer, & à reprendre: car cela irrite la colere,
& nous fait des ennemis.
Sur tout fuyez les feftins,

où l'on boit à l'enuy l'vn de
l'autre : mais si quelquefois
l'occasion vous y porte, le-
uez-vous auant que le vin
s'empare de voſtre raiſon :
pource que quand elle en eſt
vne fois ſurpriſe, il luy arriue le meſme qu'aux cha-
riots, que les cheuaux me-
nent,   apres auoir jetté le
charron par terre. Car comme ils vaquent çà & là à l'a-
uanture,   n'ayant plus de
gouuerneur : l'ame fait auſſi
pluſieurs faux pas , quand
l'entendement eſt hors de
ſon aſſiete.

Conceuez l'immortalité
par la grandeur du courage,

& la mortalité par l'vsage moderé des biens que vous possedez.

Vous connoistrez l'auantage que le sçauoir a sur l'ignorance en ce que tous reçoiuent quelque profit des autres mauuaises actions : mais l'ignorance est la seule qui apporte tousiours quelque dommage à celuy en qui elle est. Car il luy arriue souuent de reparer par effet, les fautes qu'il ne fait que de parole.

Parlez auec estime de ceux que vous vous voudrez faire amis, deuant ceux qui le leur pourront redire. Car la loüange donne dans les Cœurs la premiere entrée à la bien-veillance, comme le blâme la donne à l'animosité.

En deliberant prenez conjecture des choses à venir, par celles qui sont passées. Car on peut juger facilement des choses cachées & obscures par celles qui sont claires & manifestes. Soyez lent en vos deliberations, & prompt en l'execution des choses que vous aurez resoluës. Croyez que nous ne pouuons rien obtenir des Dieux de meilleur , que la bonne fortune ; & de nous-

mesmes que le bon conseil.
Aux choses que vous crain-
drez de dire ouuertement, &
que toutefois vous voudrez
communiquer à vos amis,
parlez-leur en, en termes ge-
neraux, & comme de l'affaire d'vn tiers.   Ainsi vous
sçaurez leur auis, sans vous
découurir à eux.

Si vous voulez prendre
conseil de quelqu'vn pour
quelque affaire, qui vous
touche, informez-vous premierement, comment il
conduit les siennes propres.
Car celuy qui fait mal ses
propres affaires, à peine fe-
ra-t'il bien celles d'autruy.

Vous ferez plus aduerty de ne rien faire fans confeil, & fans auoir pour guide la Prudence, fi vous prenez garde aux inconueniens que la Temerité apporte. Car nous auons beaucoup plus de foin de la fanté, quand nous nous reffouuenons des douleurs de la maladie.

Imitez les mœurs des Rois, & fuiuez leurs inclinatiõs, afin de faire voir par là que vous les aimez, & les eftimez. Cela fera, qu'outre que vous affeurerez leur faueur, & leur bonne grace, le peuple vous en eftimera dauantage.

Obeïſſez aux Loix qu'ils auront faites, & croyez que leur ſeule volonté eſt vne Loy tres-puiſſante, & qui doit eſtre inuiolable. Car comme en la Democratie, il faut reſpecter le Peuple: de meſme de reuerer, & d'admirer le Roy, c'eſt le deuoir de ceux qui viuent ſous la Monarchie.

Dans les charges publiques que vous exercerez, ne vous ſeruez jamais des méchans, ny des malhabiles. Car il eſt certain que tout ce qu'ils feront de mal, vous ſera imputé.

Sortez du maniment des affaires publiques, non plus riche, mais plus chery, & plus estimé : d'autant que la gloire & les loüanges qui viennent des bonnes actiõs, doiuent estre preferées à toutes les richesses du monde.

N'aidez jamais à faire aucune mauuaise action ; de peur, qu'on ne pense que vous faites vous-mesme les méchancetez, que les autres font par vostre assistance.

Rendez-vous tel, que vous ayez plus de pouuoir, & d'authorité que les autres, mais pourtant contentez-vous de viure dans l'égalité, & dans le droit commun; afin de faire connoiſtre que ce n'eſt pas la foibleſſe, mais l'equité,   & la raiſon qui vous font aimer & pratiquer la Iuſtice.

Preferez touſiours vne pauureté accompagnée de juſtice, à de grandes richeſſes mal acquiſes. Car la Iuſtice eſt d'autant plus excellente que les richeſſes, que celles-cy   ne   ſont vtiles qu'aux viuans, & que celle-là eſt glorieuſe au delà meſme du treſpas. Celles-cy peuuent eſcheoir aux méchans : & à celle-là les vi-

cieux ne peuuent auoir aucune part.

Ne portez point d'enuie
à ceux qui font de gains injuftes: mais faites plus de cas
de ceux qui fouffrent des
pertes pour le fouftien de la
Iuftice. Car fi les juftes n'ont
aucun autre auantage fur
les injuftes, au moins ont-ils
cettui-cy, qu'ils les furpaf-
fent en bonne efperance.

Ayez foin des commodi-
tez qui regardent le corps,
& la vie : mais fur tout tra-
uaillez à la culture de voftre
efprit. Car c'eft vne tres-
grande chofe en vne tres-
petite, qu'vne belle ame

dans le corps d'vn homme.
Faites que du corps vous
soyez laborieux : de l'ame,
prevoyant & sage, afin que
par l'vn vous puissiez executer les choses deliberées, &
par l'autre deliberer & preuoir les profitables.

Quoy que vous ayez à
dire, pensez-y bien, & con-
siderez-le en vous-mesme :
Car en plusieurs la langue
deuance la pensée.

Pensez qu'il n'y a rien de
longue durée parmy les choses humaines.   Cette pensée fera, que vous ne serez
ny trop joyeux en la bon-
ne, ny trop triste en la mau-

uaiſe fortune.

Preſcriuez-vous à vous-meſme deux temps de parler, l'vn quand les choſes dont on parlera vous ſeront parfaitement connuës, l'autre quand elles ſeront telles, qu'il ſoit neceſſaire que vous en parliez. Car en ces deux occaſions la parole vaut mieux que le ſilence. Et en toutes autres, il eſt plus expedient de ſe taire, que de parler.

Vous deuez & vous réjouïr des biens, & ſupporter auec patience les maux qui vous arriuent. Mais quoy qu'il en ſoit, ne vous décou-

urez ny de l'vn, ny de l'autre.   Car il seroit ridicule
que tenant ,   comme nous
faisons, nostre argent caché,
nous portassiõs nostre cœur,
& nos pensées, sur le visage.

Fuyez plustost la honte
& l'infamie ; que le danger.
Car comme la fin de la vie
est formidable aux méchãs,
de mesme la vie infame l'est
aux gens de bien.

Faites tout ce que vous
pourrez pour viure en seureté : mais si l'occasion vous
oblige de vous exposer aux
perils de la guerre ; tâchez
de vous en retirer auec honneur, & non pas auec infa-

mie. Car le Destin a con-
damné tous les hommes à la
mort: mais la Nature a voulu que ce fust le propre des
braues hommes de mourir
glorieusement.

Au demeurant, ne trou-
uez point estrange, que ie
vous aye dit beaucoup de
choses, qui ne sont pas encore fort propres & fort conuenables à vostre âge. Ce
n'est pas que ie l'aye ignoré:
Mais j'auois dessein de vous
donner en mesme temps des
instructions, & pour la vie
presente, & pour celle de l'a-
uenir. Car vous en pouuez
facilement comprendre l'v-

fage; mais il ne vous fera pas
aifé de rencontrer vn homme qui vous les donne auec
autant d'affection, & de fin-
cerité que ie viens de vous
donner celles-cy. Afin donc
que vous n'euffiez point à
emprunter le refte d'ailleurs,
& que comme d'vn ma-
gazin vous pûffiez prendre
le tout d'icy : j'ay crû qu'il
feroit bon de ne rien obmet-
tre des auis que j'ay à vous
donner pour voftre conduite. Ce fera à moy de rendre
graces à Dieu, fi l'opinion,
& l'efperance que j'ay con-
ceuës de vous, ne me trompent. Car comme la pluf-

part des jeunes gens aiment
dauantage les viandes deli-
cieuses, que les salutaires :
de mesme la conuersation
des Compagnons de leurs
débauches leur est plus a-
greable, que celle de ceux
qui leur font des remõstran-
ces. Pour vous, le grand
soin que ie vois que vous
apportez à vous rendre Vertueux, Sçauant, & Honneste
Homme, me fait esperer que
vous ferez tout le contraire,
& que cette instruction ne
vous aura pas esté donnée
inutilement. Car il est
croyable que celuy qui se
commande à soy-mesme ce

qu'il faut faire, cherit & honore ceux qui l'exhortent à
la Vertu & aux choſes honneſtes.   Or vous ſerez plus
viuement encouragé à les
ſuiure, & à les aimer, ſi vous
conſiderez que d'elles naiſſent les vrais contentemens.
Car les plaiſirs qui viennent
de l'oiſiueté, & de l'intemperance, ſont touſiours ſui-
uis de douleur & de fâcherie. Mais la Volupté que la
Vertu engendre eſt tous-
jours pure, & celle que le
Vice apporte eſt touſiours
meſlée de quelque amertu-
me. L'vn nous réjoüit au
commencement , & nous
S iiij

fâche à la fin : l'autre au contraire nous donne du plaisir
apres nous auoir donné de
la fâcherie. Or en toutes
choses le souuenir de la fin
nous est d'ordinaire plus sen-
sible que celuy du commencement. Car nous faisons
plusieurs choses en la vie,
non pour elles-mesmes, mais
pour celles dont elles sont
suiuies. Ie vous prie aussi de
considerer que les hommes
de neant peuuent faire ce
qu'ils veulent sans qu'on y
prenne garde, pource que
leur bassesse les cache : Et
qu'au contraire, les personnes de qualité, & de meri-

te ne sçauroient méprifer la
Vertu fans encourir la haine & la médifance de tout
le monde. Car communé-
ment nous ne haiffons pas
tant les Méchans, que ceux
qui faifans profeffion de
Vertu, n'ont aucun auan-
tage fur les hommes com-
muns. Ce n'eft pas fans raifon. Car fi nous blâmons
ceux qui ne font que men-
tir, à combien plus forte raifon deuons-nous tenir pour
méchans ceux qui n'ont
rien fait en toute leur vie,
qui foit digne de leur naiffance & de leur condition.
En effet, ils ne font pas feu-

lement tort à eux-mesmes,
mais trahissent aussi leur
bonne fortune, en ce qu'elle
leur ayant mis en main des
richesses, de l'authorité, &
des amis, ils se rendent indi-
gnes de ces belles choses
dont elle leur a esté si liberale. Que s'il est permis aux
hommes de sonder par con-
jectures la volõté des Dieux,
ie pense qu'ils ont assez ma-
nifesté en la personne de
leurs plus proches de quelle
façon ils traitent les gens de
bien & les méchans. Car
s'il faut croire ce que disent
les lettres secretes, & ce que
tout le monde croit, Iupiter

ayant engendré Hercule, &
Tantale, recompenfa la vertu de l'vn d'vne vie immortelle, & punit la méchance-
té de l'autre d'vne peine qui
ne finira iamais.   Il faut
donc qu'ayant touſiours ces
exemples deuant les yeux,
vous tachiez d'acquerir la
Vertu, & que ſans vous ar-
reſter ſeulement aux précep-
tes que ie viens de vous donner, vous appreniez encore
ceux que les Poëtes, & les
autres Sages nous ont laiſ-
ſez. Car côme nous voyons
que les abeilles s'aſſient bien
& ſe repoſent ſur toutes ſortes de fleurs ; mais qu'elles

recueillent de chacune que qui est vtile. De mesme, ceux qui desirent de faire vne bonne prouision de science, doiuent lire toutes sortes de bons Liures: mais il faut aussi qu'ils soient soigneux de trier de chacun les meilleures choses. Car encor' auec tout ce soin, à peine pourrons-nous corriger la corruption, & surmonter la peruersité de nostre Nature.

F I N.